Wo man singet, lass dich ruhig nieder ...

Wo man singet, lass dich ruhig nieder
ohne Furcht, was man im Lande glaubt
wo man singet, wird kein Mensch beraubt
böse Menschen haben keine Lieder

Mit Gesange eilet in dem Lenze
rasch der Knabe von des Meisters Hand,
und die Schwester flicht am Wiesenrand
mit Gesang dem Gaukler Blumenkränze.

Männer hangen an der Jungfrau Blicken;
aber wenn ein himmlischer Gesang
seelenvoll der Zauberin gelang,
strömt aus ihrem Strahlenkreis Entzücken.

Mit dem Liede greif der Mann zum Schwerte,
wenn es Freiheit gilt und Fug und Recht,
steht und trotzt dem eisernen Geschlecht
und begräbt sich dann im eig'nen Werte.

Des Gesanges Seelenleitung bringet
jede Last der Arbeit schneller heim,
mächtig vorwärts geht der Tugend Keim;
weh' dem Lande, wo man nicht mehr singet!

Mit Gesange weiht dem schönen Leben
jede Mutter ihren Liebling ein,
trägt ihn lächelnd in den Maienhain,
ihm das erste Wiegenlied zu geben.

Mit Gesang spricht des Jünglings Lieb',
was in Worten unaussprechlich war,
und der Freundin Herz wird offenbar
im Gesange, den kein Dichter schrieb.

Mit dem Liede, das die Weisen sangen,
sitzen Greise froh vor ihrer Tür,
fürchten weder Lanzen noch Visier;
vor dem Liede beben die Tyrannen.

Wenn der Becher mit dem Traubenblute
unter Rosen uns're Stunden kürzt,
und die Weisheit uns're Freude würzt,
macht ein Lied den Wein zum Göttergute.

Johann Gottfried Seume
deutscher Schriftsteller (1763 - 1810)

inhalt

Liebe Leserinnen und Leser,

Die Musik sowohl in ihrer Gesamtheit wie auch in vielen ihrer einzelnen Aspekte gleicht einem vieldimensionalen lebendigen Mandala: In ihr kann sich die dynamische Fülle des Selbst symbolisieren. Männliches und Weibliches, Dunkles und Helles, Oberes und Unteres, Passives und Aktives, Geistiges und Erdhaftes, Bewusstes und Unbewusstes, Chaotisches und Harmonisches, Ekstatisches und Leidvolles, Erotisches und Kämpferisches verbinden sich in ihr zu einer schöpferischen Einheit.

Musik ist Ausdruck des fließenden, ständig sich wandelnden Seelen- und Lebensprozesses, in dem sich die verschiedensten Gegensätze in unendlichen Variationen, Färbungen und Nuancen immer wieder vereinen und lösen, auseinanderstreben und zusammenfließen, bekämpfen und versöhnen.

Die tiefreichende Wirkung der Musik auf uns liegt auch darin begründet, dass Töne und Geräusche uns von allem Anfang an durch unser Leben begleiten. Bereits im Mutterleib sind wir über das Hören mit dem Pulsschlag und den Urtönen des Lebens verbunden. Töne stellen die früheste wahrnehmbare Verbindung mit unserer Außenwelt dar.

Musik im weiteren Sinn kommt uns überall in der Natur entgegen. Singende Vögel, summende Insekten, Donner, Regen, Sturm, Hagel, das Rauschen des Meeres, eines Wasserfalls, das Gluckern einer Quelle oder eines Flusses, bedrohliches Knurren, Brüllen von Tieren: All das ist mehr als nur Geräusch, es ist Ausdruck des Lebens, „Lebensmusik", die uns mit unserem naturhaften und unserem göttlich-kosmischen Hintergrund verbindet.

Musik kann uns wie kaum eine andere Kunstform unmittelbar und tief ergreifen. Wir können uns ihrem zauberhaften Einfluss wenig verschließen. Musik erfasst unseren Geist, unsere Seele und unseren Körper als Einheit, wirkt auf unsere Stimmungen und Gefühle ein, sie steckt uns an, und wir beginnen sehr bald, sie auch auszudrücken, sei es im Schlagen des Rhythmus, sei es im Gesang und Tanz. Sie ist eine unserer elementarsten Lebenserfahrungen und Lebensäußerungen, in ihr und durch sie pulsiert das Leben.

Musik ist mit allen Lebensbereichen verknüpft: mit Arbeit, Entspannung, Freude, Tanz und Feier, Spaß und Spiel, Kampf, Krieg, Krankheit, Klage und Tod.

Musik ist ganzheitlich: Sie hat einen rationalen, nach Ordnung, Struktur und Klarheit strebenden Logos-Aspekt, ebenso einen starken Eros- und Gefühlsaspekt; es besteht ein ständiger Kampf zwischen Kontrolle und Hingabe, Festgefügtheit und Improvisation, Konzentration und Auflösung. Sie hat einen körperhaften Aspekt, und sie kann uns in den Bereich der Ahnung, des Unsagbaren, Intuitiv-Erfahrbaren, in transpersonale, symbolisch-archetypische Dimensionen unserer Seele führen.

Musik kann also sowohl strukturbildend, konzentrierend und klärend wirken und damit geistige Prozesse fördern, wie auch auflösend und rauschhaft sein. Dann stellt sie eine Verbindung zu den archaischen, triebhaften Urgründen unserer Seele und unseres Körpers her.

Solche ekstatische, dionysische Musik kann für den zivilisierten Menschen, der seine Verbindung zum natürlichen Leben verloren hat, heilend und wandelnd wirken. Auch die moderne Jazz-, Rock-, Technomusik können diese Bereiche beleben. Dass Jugendliche sich zu dieser Musik hingezogen fühlen, ist Ausdruck dafür, dass sie mit den Elementarkräften des Lebens (Bewegung, Sexualität, Aggressivität) in Berührung kommen wollen und diese Kräfte in ihnen nach Erfahrung, Ausdruck und Kanalisierung drängen.

Praktisch jedes einzelne Element der Musik kann zum Träger symbolischen Ausdrucks werden. Die Verwendung von bestimmten Instrumenten, Tönen, Tonarten, Melodien, Rhythmen, Tempi, Pausen, Figuren und Musikformen wurde schon in der Musik der alten Hochkulturen bewusst gestaltet und symbolisch eingesetzt.

Wir wissen, was es heißt, in „Moll" gestimmt zu sein, und spüren die aufhellende Wirkung des „Dur". Wir spüren, wie Märsche und Ouvertüren, wie Blechinstrumente, Pauken und Trompeten unmittelbar unseren Körper ansprechen, uns ermutigen, aktivieren, solidarisieren, uns das Gefühl von Energie und Kraft geben und das Heroische in uns wecken, wie sie uns helfen, Spannungen und Aggressionen abzureagieren.

Wir können erleben, wie die zarten, leisen Töne, vielleicht von Violinen, Harfen und Flöten, uns entspannen, uns öffnen für unsere weicheren, hingebungsbereiten Seiten, für die Liebe, für die Meditation.

Eine bestimmte Musik kann für einzelne Menschen oder Gruppen zum Symbol und Programm werden, ihr Lebensgefühl ausdrücken, wie zum Beispiel Wagners Opern im 19. Jahrhundert, der Beat in den 60er, der Techno in den 90er Jahren.

Musik scheint zugleich aus tiefsten wie aus höchsten Dimensionen zu kommen. Noch mehr als bei den bildenden Künsten können wir durch die Musik eine Verbindung zu „unsichtbaren", nicht anschaulichen, nicht konkreten Welten, zum göttlichen Kosmos wie zum Göttlichen in uns selbst erfahren.

Musik wurde schon in den alten Hochkulturen als von den Göttern kommend angesehen und als Ausdruck der Verbindung von Gott und Welt, Mensch und Kosmos und der Harmonie verstanden. In religiöser und kultischer Musik ist diese Bewusstseinsveränderung und -erweiterung ganz offensichtlich ein Ziel.

Ein symbolisch überaus ergiebiges Beispiel für alle diese umfassenden Aspekte ist Mozarts Oper „Die Zauberflöte", die uns deshalb durch dieses Heft und die einzelnen Themen begleiten soll.

So wünschen wir Ihnen und uns mit diesem Heft eine zauberhafte Reise durch die Mysterien der Musik

Ihre
Anette und Lutz Müller

*Mozarts Musik ist so rein und schön,
dass ich sie als die innere Schönheit
des Universums selbst ansehe.*

Albert Einstein, Physiker

Bedfordshire Youth Opera presents:

The Magic Flute

In a translation by
Jeremy Sams

Tickets £12
(£10 concession)

Music by
Wolfgang Amadeus Mozart

Libretto by
Emanuel Schikaneder

7:30pm Weds 3rd –Sat 6th Sept 2014

The Place
Bradgate Road
Bedford, MK40 3DE

Tickets available from
www.theplacebedford.org.uk
Central Box Office 01234 718112

Obiges Plakat einer Aufführung der Zauberflöte der Bedfordshire Youth Opera von 2014 zeigt eine Kombination verschiedener freimaurerischer Symbole: das allsehende Auge Gottes in der Mitte, die Uroborus-Schlange, den ewigen Kreislauf des Lebens, den Ausgangs- und Endpunkt des Großen Werkes symbolisierend, das weibliche und das männliche Dreieck, die u.a. die Elemente Wasser und Feuer darstellen und das Prinzip der Dreizahl, das die ganze Zauberflöte durchzieht, versinnbildlichen, das Kreis- und Winkelmaß als Grundsymbole freimaurerischer Einstellung und Arbeit. Alle Symbole haben in der hermetischen Tradition vielfältige Bedeutungen.

Die Zauberflöte

*Der, welcher wandert diese
Straße voll Beschwerden ...*

1. Einweihung ins Mysterium

Die Zauberflöte von W. A. Mozart (KV 620, Libretto Emanuel Schikaneder), komponiert in seinem letzten Lebensjahr, ist eine der berühmtesten und weltweit am häufigsten inszenierten Opern. In beinahe mustergültiger Weise werden zeitlose, allgemein-menschliche Themen in einem märchenhaften Mysterienspiel dargestellt, so dass alte und junge Menschen von ihr in gleicher Weise fasziniert sind. Bekanntlich sind in die Oper hermetisch-freimaurerische Symbole und Ritualelemente eingeflossen, da Mozart wie Schikaneder Mitglieder der Wiener Freimaurerloge „Zur Wohltätigkeit" waren.

In gewissem Sinne stellt die Oper tatsächlich eine wirkliche Einweihungszeremonie dar, ohne dass die Zuschauer und Zuhörer, denen die bildhafte und musikalische Symbolik nicht bewusst ist, es recht bemerken. Deshalb ist sogar kritisiert worden, in dieser Oper und in ihrer Musik seien wesentliche hermetische Geheimnisse „verraten" und „profaniert" worden. Dem wiederum ist entgegen gehalten worden, solche „Geheimnisse" ließen sich gar nicht verraten, da ihre „wahre" Bedeutung sich erst denen erschließe, denen die entsprechenden inneren Erfahrungen zuteil geworden seien.

Unter tiefenpsychologischem Gesichtspunkt lässt sich die Oper interpretieren als den Bewusstwerdungsprozess des Menschen, seinen Individuationsweg, seine Auseinandersetzung mit den archetypischen Grundkräften und Polaritäten der Seele, in der die Kunst und die Musik eine entscheidende Rolle spielen. Wir begegnen den universalen Prinzipien der „Großen Mutter", dem „Großen Vater", dem Heldenweg von Mann und Frau, den Anima- und Animus-Projektionen, dem Kampf und der Liebe, dem Triebhaften und Schattenhaften, der Nachtmeerfahrt und dem Streben nach Erleuchtung, der Erfahrung des Absoluten.

Kurzgefasster Inhalt: Tamino, der Prinz, und sein Schattenbruder, der lebensfrohe Vogelfänger und Naturbursche Papageno, wollen Pamina, die Tochter der Königin der Nacht, aus der Macht des vermeintlich bösen Fürsten Sarastro befreien und müssen sich dabei einer Einweihung in die Mysterien unterziehen. Von der Königin der Nacht erhalten sie zwei magische Musikinstrumente, ein Glockenspiel und eben die Zauberflöte, die sie auf ihrem Weg untersützen.

Musik, Musik, Musik

Gerhard Heydt

Das Leben hat mir das Talent geschenkt, Klavier zu spielen und die Freude der Menschen mit Musik zu wecken. Und es hat mir, dafür bin ich ebenso dankbar, die Liebe zur Musik gegeben. Musik macht uns Menschen reich. Sie ist die Offenbarung des Göttlichen. Sie bringt uns ins Paradies. (…) Seit meiner Kindheit ist die Musik meine eigentliche Heimat. Sie gab mir Geborgenheit, als ich mich ersten großen Seelenschmerzen stellen musste, durch sie fand ich wieder Halt, wenn der Tod mir einen geliebten Menschen raubte, dank ihrer meditativen Kraft bewahrte ich mir einen Rest von Selbstbestimmtheit, als erst die faschistische, dann die kommunistische Diktatur mich und meinesgleichen zu Untermenschen erklärte.

Herz-Sommer 2011, S. 3

Soweit Alice Herz-Sommer (1903 – 2014) im Vorwort zu ihrem Buch *Ein Garten Eden inmitten der Hölle*. Sie schildert darin ihr 110-jähriges (!) Leben, insbesondere aber ihr Schicksal als jüdische Pianistin, die 1943 ins KZ Theresienstadt verbannt wurde. Dort gab sie mehr als 100 Konzerte für ihre Mithäftlinge, konnte damit nicht nur deren Herzen öffnen, sie wurde dadurch auch in ihrem Optimismus gestärkt, was ihr und ihrem Sohn das Überleben ermöglichte.

Was ist Musik?

Musik kann keineswegs nur auf die aktuelle Hitparade beschränkt werden oder auf das, was die Konzertagenturen „alle Jahre wieder" an klassischem Repertoire vermarkten. Musik ist all das, was von Menschen an musikalischem Material – Tonhöhe, Tondauer, Klangfarbe, Lautstärke, Rhythmus, Zusammenklang, Struktur – geschaffen oder geformt wurde. Dies gilt über alle Zeiten und Erdteile hinweg. Musik war und ist immer Ausdruck des je aktuellen transzendenten, philosophischen, politischen, sozialen Selbstverständnisses der Menschen. Und so ist es ein langer Weg von den ersten Knochenflöten um 40.000 v. Chr. bis hin zu Richard Wagners Gesamtkunstwerk oder zur Multimediashow zeitgenössischer Popgruppen. Musik ist in unserem Leben allgegenwärtig. Vor Bildern können wir die Augen verschließen, Höreindrücke dringen unentwegt an unser Ohr, und sie lösen dabei immer Gefühle aus.

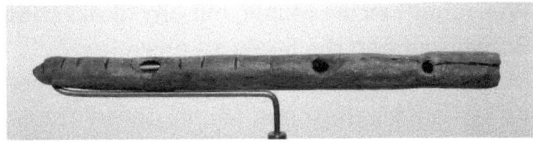

Im Geißenklösterle, einer Höhle bei Blaubeuren auf der Schwäbischen Alb, wurde im Jahre 1990 eine 12,6 cm lange Flöte (hier eine Nachbildung) aus der Speiche eines Singschwans gefunden. Geschätztes Alter 42000 bis 43000 Jahre. (www.wikimedia.org)

Wie entstand die Musik?

Es gab und gibt keine Kultur ohne Musik. Dabei erfüllt diese keinen bestimmten Zweck wie etwa Handwerk oder Ackerbau. Aber keine Kultur wollte es sich bisher „leisten", auf diesen „Luxus" zu verzichten. Zur Entstehung der Musik gibt es von musikwissenschaftlicher Seite aus keine einheitliche Erklärung, vielmehr existiert ein ganzes Bündel von Theorien, die allesamt zumindest modellhafte Vorstellungen geben können: Nachahmung von Tierstimmen, Lock- und Liebesrufe, gehobene Sprache etwa für rituelle Zwecke, Weiterentwicklung emotionaler Lautäußerungen (vgl. Wörner 1993, S. 1).

David Garrett, 2010 (www.wikimedia.org) Der Geigenvirtuose und Rockgeiger bringt mit crossover-Projekten jungen Menschen klassische Musik nahe.

Nicht zu vergessen ist dabei, dass wir biologische Rhythmen immanent in uns tragen, etwa in Form der circadianen Rhythmik unserer Hormonspiegel, im Herz- und Atemrhythmus.

Wie schafft es die Musik, mit physikalischen Schwingungen die Seele zu erreichen?

Musik berührt immer. Melodien und Rhythmen wirken auf Hirnregionen ein, in denen Trauer, Freude, Sehnsucht usw. verarbeitet werden (Limbisches System). Sie löst über Affekte körperliche Reaktionen aus. Ganz besonders dicht wird die emotionale Wahrnehmung bei plötzlichem Wechsel der Lautstärke, bei unerwarteten Rhythmen, Harmonien oder Melodiebewegungen (vgl. Altenmüller 2005, S. 159 ff.). Musik stimuliert das körpereigene Selbstbelohnungssystem über eine Ausschüttung von Botenstoffen wie Dopamin oder endogene Opioide. Gemeinsames Musizieren senkt bei Männern das Testosteron (Aggression), bei beiden Geschlechtern das Cortison (Stress), gesteigert wird hingegen das Oxytocin (soziale Bindungen). Spiegelneurone sind nicht nur bei den Ausübenden, sondern auch beim Musikhören aktiv.

Musik ist eine universale Sprache, sie ist dem Wesen nach auf ein „Du" bezogen, sie schafft ein unmittelbares Gemeinschaftserleben, an-dererseits erfordert sie und fördert sie hohe soziale Kompetenzen. Schon in der griechischen Antike wurde die Musik deshalb zu erzieherischen Zwecken eingesetzt. Mit Musik kann ein inneres Gleichgewicht erreicht werden, was eindeutig als gesundheitsfördernd angesehen wird. Selbst im körperlichen Bereich bewirkt die Musik messbare Effekte, so senkt sie Herzfrequenz und Blutdruck, führt zu hormonellen Veränderungen, stärkt das Immunsystem. Dies gelingt keineswegs nur der klassischen Musik, vielmehr wurden Blutdrucksenkungen auch bei Heavy-Metal-Musik gefunden (vgl. Klinkhammer 2013, S. 2197).

Musik kann nichts konkret abbilden, sie wirkt immer über Symbole. Affekte können vermittelt werden. In der Barockzeit entwickelte Johann Mattheson (1681-1764) eine spezielle Affektenlehre, die auf Wurzeln der griechischen Antike zurückgriff und besagt, dass Affekte wie Freude, Trauer, Wut, Schmerz, Angst musikalisch ausgedrückt und „verstanden" werden können. Dies fand reichliche Verwendung in der im Übergang des 16. zum 17. Jahrhundert entstandenen Gattung „Oper". Unvorstellbar wären heutzutage Filme, etwa Krimis oder Liebesfilme, ohne dass eine entsprechende Musik erklingen würde. Viele Szenen wären schlicht banal oder emotional hohl, würden nicht unmittelbar durch Klänge Stimmungen erzeugt. Wenn es wie in der Musik um stärkste Impulse geht, die allgemein menschliche Phänomene betreffen, kann von archetypischen Ursprüngen ausgegangen werden (vgl. Seifert 2003, S. 31 ff.).

Musik kann auch „missbraucht" werden. Marschmusik sollte Soldaten in den Gleichschritt bringen und mit Zuversicht in die Schlacht ziehen lassen. In allen Diktaturen gibt es Propaganda-Musik. Unvergessen sind die „Wehrmachtberichte" im 3. Reich mit „Les Préludes" von Franz Liszt als Erkennungsmelodie. Manipulativ kann Musik eingesetzt werden, wenn sie z. B. in Kaufhäusern erklingt, um die Kauflust der Kunden zu steigern.

Musik als Hilfe in der Bewältigung von Lebenskrisen

Wenn Menschen sich dem Leben in seiner ganzen Fülle stellen wollen, also auch den Entwicklungs- und Wandlungserfordernissen, den allfälligen Krisen, dann kann die Beschäftigung mit Musik (ob professionell oder als Liebhaber) hilfreich sein, weil Musiker mit ihrer Begeisterung für die Welt der Töne klare Lebensziele formulieren, ihr eigenes Tun und Gestalten immer wieder reflektieren können. Sie können offen sein für neue Entwicklungen, einen sozialen Kontext (gemeinsames Musizieren, Musik hören) als anregend und unterstützend erleben, auf eine aktive Problembewältigung ausgerichtet sein. Wichtig sind Gefühle der Kohärenz, eine Bereitschaft zum Riskieren von Unannehmlichkeiten, eine Unbedingtheit bezüglich der eigenen Lebensplanung, letztlich ein Glaube an sich selbst.

Kreative Potenziale können erschlossen werden, wenn Menschen im Verlauf ihres Lebens Möglichkeiten suchen und finden, schöpferisch tätig zu sein, wenn sie in ihrer Umgebung (altersunabhängige) Förderung erfahren, sich selbst als hilfreich und nützlich für andere Menschen fühlen können. Lebensgeschichtlich gibt es eine hohe Kontinuität im Ausdruck von Emotionen, dieser Prozess wird durch ganz frühe Bindungen angestoßen (Kruse 2013, S. 5). Beim Erlernen der Affektivität spielen die Spiegel-Neuronen eine entscheidende Rolle (vgl. Bauer 2014, S. 196 ff.).

Gefährdungen für Musiker

Jede Form der Überlastung oder Übertreibung kann schaden oder gar krank machen. Ca. 60% der Berufsmusiker klagen über gelegentliche Beschwerden im Bereich der Muskeln, Sehnen oder Nerven (vgl. Möller 2005, S. 139 ff.). Noch immer reagieren viele Ausübende (nicht selten auf Anraten ihrer Dozen-

ten) mit einem vermehrten Üben, wobei längst wissenschaftlich nachgewiesen ist, dass die Leistung im Grenzbereich der Kräfte nicht nur nicht besser wird, sondern nachlässt. Dies bezieht sich natürlich auf das konkrete Üben, nicht aber auf eine mentale Beschäftigung mit der Musik.

Schmerz wird von Musikern als häufigstes Symptom angegeben. Etwa die Hälfte dieser Beschwerden geht auf falschen oder übermäßigen Gebrauch von Muskeln und Sehnen zurück. Nicht selten werden auch Verkrampfungen, Steifheit, Schwellungen, unwillkürliche Bewegungen oder Sensibilitätsstörungen angegeben. Teilweise kommt es zu instrumentenspezifischen Beschwerden (etwa zu Fehlhaltungen bei bestimmten Blasinstrumenten). Zu beachten ist, dass nicht selten körperliche Symptome auch seelische Ursachen haben können. In jedem Fall kann ein vermehrtes Achten auf ein ergonomisches Musizieren hilfreich sein.

Nicht zu übersehen ist das Risiko einer Lärmschwerhörigkeit bei Berufsmusikern, die eine anerkannte Berufskrankheit darstellt. Im Orchestergraben können bis zu 120 Dezibel erreicht werden, was der Lautstärke eines startenden Düsenjets entspricht. Heute versucht man mit individuellem Gehörschutz oder Aufstellen von Schallschutzwänden solche Schäden zu vermeiden.

Während Lampenfieber für eine große Zahl von Musikern (47 % der professionellen Instrumentalisten) einen Begleiter im Berufsalltag darstellt, mit leichteren Formen von Konzentrationsstörungen, Pulsbeschleunigung, Zittern, Mundtrockenheit, Schwitzen und Kurzatmigkeit (vgl. Spitzer 2006, S. 348), ist bei der Auftrittsangst eine solche Verstärkung der Symptome erreicht, dass es zu einer deutlichen Leistungsminderung, zu Vermeidungsverhalten, ggf. auch zur Arbeitsunfähigkeit kommen kann. Dadurch werden dann weitere psychische und soziale Belastungen angestoßen (etwa depressive Reaktionen, Gefährdung der Anstellung).

Nicht wenige Musiker haben eine Suchtgefährdung durch Alkohol, Medikamente, Drogen oder nichtstoffliche Süchten. In diesem

musik

Ein volles Haus von der Bühne aus gesehen, bei einem Konzert des Pianisten Josef Hofmann in der Metropolitan Opera New York, 1937 (www.wikimedia.org)

Ganz problematisch ist, dass sich viele Berufsmusiker keine Alternativen zu ihrer Tätigkeit vorstellen können, weil sie sich so früh für ihren Beruf spezialisiert haben (ca. 10.000 Stunden Üben bis zur Aufnahmeprüfung an eine Musikhochschule).

In der psychotherapeutischen Behandlung von Musikern geht es zunächst um ein Erfassen von Motivation und Hintergründen für deren Musikausübung. Es bedarf eines flexibleren Settings, da unregelmäßige Probentermine und Orchesterreisen zu berücksichtigen sind.

Oft ist es günstig, ein neues Rollenverständnis zu erarbeiten, was auch mit einer besseren Fähigkeit zur Abgrenzung einhergeht. Psychodynamische Hintergründe für die individuellen Schicksale lassen sich in einigen wiederkehrenden Modellen erklären.

Nicht selten sind die Musiker narzisstische Selbstobjekte von Eltern gewesen, die selbst in der Musikausübung nicht weit genug kommen konnten.

Für manchen Musiker stellt die Entscheidung für seinen Beruf die einzige autonome Entscheidung dar, ist also als Versuch einer Ablösung (vom Elternhaus) zu verstehen. Wenn in der Ursprungsfamilie sehr wenig Emotionalität gelebt wurde, liegt es nahe, einen Beruf zu wählen, dessen Inhalt im Wesentlichen die Vermittlung von Affekten ist.

Musik ermöglicht vielen Menschen, zu einem guten Selbstwertgefühl zu gelangen, umso tiefer ist dann der Absturz, wenn Erfolge gefährdet sind oder ausbleiben.

Immer wieder kommt es vor, dass Musiker notwendige Initiationsschritte nicht vollzogen haben, weil sie sich nicht berechtigt fühlten, erwachsen, also auch ein „erwachsener" Musiker zu sein. Ein Hemmnis für ein Sich-gestat-

Beruf kommt es immer wieder zu Belastungssituationen (Probespiel, Konkurrenzdenken, Mobbing, Alterung), was den Griff nach Suchtstoffen nahelegen kann. Musiker neigen dazu, ihr Selbstwertgefühl sehr stark an musikalische Erfolge zu knüpfen. Noch viel zu wenig verbreitet ist ein Einhalten von Ruhephasen, ein Ausüben von Ausgleichssport, ein Beanspruchen eines sozialen Netzes gerade in Zeiten seelischer Belastung, eine kollegiale Intervision, was ein Zurückfahren individueller Empfindlichkeiten voraussetzen würde.

Möglichkeiten der Musikerpsychotherapie
Wenn Musiker in Psychotherapie kommen, dann bringen sie einige günstige Voraussetzungen mit. Z. B. verfügen sie über eine hohe Selbstaufmerksamkeit, ein gutes Einfühlungsvermögen, sie sind recht offen für psychosomatische Zusammenhänge, haben eine gute Ausdrucksfähigkeit, einen raschen Zugang zum Unbewussten (Träume), zur Emotionalität.

Ungünstig erweisen sich hingegen hohe Kränkbarkeit, Neigung zur Somatisierung, ein rigides Überich und ein Hang zum Perfektionismus. Es kommt zu Versagens- und Verlassenheitsängsten, viele Musiker haben eine sehr selektive Persönlichkeitsentwicklung durchlaufen, bleiben z. B. in ihrer geschlechtlichen Identitätsentwicklung zurück (Androgynität), Schattenanteile sind oft nur ganz wenig integriert.

Krankwerden an der Musik. Zeichung G. Heydt 2005

behilflich sein bei der Suche nach einer eigenen Identität, sie ist geeignet als Ausdruck von Selbstbestimmtheit, sie kann ein Medium sein, um Transzendentes sinnlich wahrnehmbar zu machen. Musik kann Freude bereiten, als etwas Sinnstiftendes und Erfüllendes erlebt werden. So eignet sie sich als individuelle Begleiterin gleichermaßen wie als kollektives Kulturgut, welches Menschen zufrieden machen und verbinden kann.

Literatur
Altenmüller, E. (2005): Schauer und Tränen: Zur Neurobiologie der durch Musik ausgelösten Emotionen. Hannover

Bauer, J. (2014): Zur Balance zwischen Empathie und notwendiger Distanz im Arztberuf. ÄBW

Herz-Sommer, A. (2011): Ein Garten Eden inmitten der Hölle. München

Heydt, G. (2010): Musikphysiologie und Musikermedizin: Gibt es Besonderheiten in der Psychotherapie von Musikern? Mainz

Klinkhammer, G. (2013): Bach und Mozart gegen Bluthochdruck. DÄB

Kruse, A. (2013): Die Grenzgänge des Johann Sebastian Bach. Heidelberg

Möller, H. (2005): Musikphysiologie und Musikermedizin: Aufführungsangst als ein gesundheitliches Risiko. Mainz

Seifert, T. (2003): „Archetyp" in: Müller, L. und Müller, A. (Hrsg.): Wörterbuch der Analytischen Psychologie. Düsseldorf

Spitzer, M. (2006): Musik im Kopf. Stuttgart

Wörner, K. (1993): Geschichte der Musik. Göttingen

ten von Erfolgen kann darin liegen, dass z. B. der Sozialstatus der Eltern nicht übertroffen werden darf, weil sonst große Schuldgefühle entstehen.

Schließlich wird von manchen Musikern die Musik als intensives Selbst-Erleben wahrgenommen, ein Erlebnis von „Flow", was dann ein Leben lang gesucht wird, aber eben nicht programmierbar ist (vgl. Heydt 2010, S. 12 ff.).

Hilfreich ist in jedem Fall eine Erweiterung der klassischen Psychotherapieverfahren um körperorientierte Verfahren, Auftrittstraining, Entspannungstechniken, Achtsamkeitsübungen und Gesundheit erhaltende Übetechniken.

Schlussfolgerungen
Zusammenfassend und noch einmal Bezug nehmend auf die einleitend zitierten Worte der Pianistin Alice Herz-Sommer lässt sich also festhalten, dass Musik etwas Hilfreiches, Stützendes, Tröstendes sein kann. Es gibt vielerlei Belege, dass Musik einen Gegenpol zu Hass und Grausamkeit darstellen kann. Sie kann

Dr. med. Gerhard Heydt
Studium Musik, Musikwissenschaft und Medizin, Facharzt für Psychosomatische Medizin und Psychotherapie, Psychoanalyse, Facharzt für Neurologie und Psychiatrie, Dozent am C. G. Jung-Institut Stuttgart, Chefarzt im Bereich Allgemeine Psychosomatik und Psychotherapie (einschl. Musiker-Psychotherapie) an der Sonnenberg-Klinik Stuttgart

Die Zauberflöte

*...durch dein Spielen selbst
wilde Tiere Freude fühlen.*

2. Die Flöte

Foto: Giovanni Dall'Orto. Orpheus, Bodenmosaik, Museo archeologico regionale di Palermo

Die Flöte ist eines der ältesten Musikinstrumente. Sie hat eine männlich-phallische Form und besitzt gleichzeitig auch einen („weiblichen") Innenraum, der es dem einfließenden Luftstrom ermöglicht, zu schwingen und Töne hervorzubringen. In einer entsprechenden Deutungslinie kann die Flöte und ihr oft klagender Ton zu einem Symbol der Sehnsucht nach der erotischen wie geistigen Vereinigung mit einem geliebten Menschen bis hin zur Vereinigung mit dem Höchsten und dem eigenen Selbst werden.

Diese Spannbreite der möglichen Bedeutungen wird auch nahe gelegt, wenn man an die archaische Panflöte einerseits und an die „göttliche" Orgel andererseits denkt, von der Mozart meinte, sie sei die Königin aller Instrumente. Die Zauberflöte ist zudem wie ein Zauberstab, der in Gefahren beschützen, Affekte und triebhafte Energien in Freude und Glück verwandeln kann.

Hiermit kannst du allmächtig handeln, der Menschen Leidenschaft verwandeln. Der Traurige wird freudig sein, den Hagestolz nimmt Liebe ein, singen die drei Damen und Tamino später: *Wie stark ist nicht dein Zauberton, weil, holde Flöte, durch dein Spielen selbst wilde Tiere Freude fühlen.*

In der *Zauberflöte* klingen deutliche symbolische Bezüge zum Mythos des Orpheus an. Orpheus hatte von Apollon, dem Gott der Musik, eine Lyra – ein Saiteninstrument, das Hermes erfunden hatte – geschenkt bekommen. Mit seinem Gesang und seinem Spiel betörte er Götter, Menschen und sogar Tiere, Pflanzen und Steine. Wind und Sturm beruhigten sich, Bäume neigten sich ihm zu und wilde Tiere kamen friedlich herbei.

Vielfach künstlerisch gestaltet wurde sein Abstieg in die Unterwelt, wo es ihm gelang, den Gott Hades mit seiner zauberhaften Musik so günstig zu stimmen, dass er ihm erlaubte, seine verstorbene Geliebte Eurydike zurück ins Leben zu holen. Allerdings durfte er sich beim Aufstieg nicht nach ihr umschauen. Da er die Schritte der Eurydike nicht hörte, sah er sich dennoch um und Eurydike verschwand wieder in der Unterwelt.

Die Unterweltsreise der beiden Einzuweihenden in der *Zauberflöte* hat glücklicherweise ein besseres Ende. Ihnen gelingt die Rückkehr aus der Tiefe.

Diese verwandelnde Kraft hat die Zauberflöte, weil sie Polaritäten in sich verbindet und in die Musik transformiert, in der sich alle Aspekte der menschlichen Natur ausdrücken können:

Die bändigende Kraft der Zauberflöte gegenüber allem naturhaften ist auf jeder Ebene ihrer Wirkung deutlich. Wie der Gesang des Orpheus ist sie das Symbol der Musik selber, welche das Widerstrebende und Wilde der Natur, der elementarischen ebenso wie der tierischen und menschlichen, zu höherer Einheit harmonisiert. Diese Kraft der Musik ist aber gleichzeitig eine des Gefühls und des Herzens, das, wie Tamino in seinem Anruf an die Götter ausgesprochen hatte, die Leidenschaften verwandelt. (Neumann 2005, S. 26)

Von der Sehnsucht nach einer Musik, die heil macht

Gedanken zu einem bedachtsamen und individualisierten Umgang mit Musik in der Therapie

Peer Abilgaard

Alchemie in der Musik

Vor etwa zehn Jahren sprach mich bei einer Psychotherapeutentagung in Süddeutschland ein älterer Herr mit russischem Akzent an. Er sagte, dass er mit psychotherapeutischen Inhalten nur indirekt zu tun habe. Er betreibe als Unternehmer in Westsibirien mehrere Kliniken, die mithilfe von Musik Menschen in seelischen Krisen zu heilen suchten. Er beschrieb sehr detailliert, wie er in einer dieser Kliniken den Bau eines Konzertsaals vorangetrieben habe, der nach neuesten akustischen Erkenntnissen konstruiert worden sei und wie er die besten Komponisten seines Landes beauftragt habe, Musik zu komponieren, die in der Lage sei, Menschen von Depression, Psychose oder Sucht zu heilen. Das Projekt stünde unmittelbar vor dem Start und derzeit sei er auf der Suche nach geeigneten Interpreten, am besten aus der internationalen Konzertszene, die dann täglich vor den Patientinnen und Patienten seiner Klinik musizieren würden.

Als ich nun anlässlich dieses Artikels nochmals genauer recherchierte, wie dieses Projekt wohl ausgegangen sei, blieb meine Suche ergebnislos und ich nehme dies als Bestätigung für meine Skepsis, die ich auch schon damals dem russischen Krankenhausbetreiber mitteilte. Im Gedächtnis geblieben ist mir diese

Lorenzo Lotto, 1480 — 1556, Madonna und Kind mit Heiligen, Detail, Kirche Santo Spirito, Bergamo (www.visipix.com)

Begegnung trotzdem, weil sie für mich einen uralten Menschheitstraum widerspiegelt: nach einer Musik, die Menschen heilen kann.

Belletristisch ist dieses Thema im Roman *Melodien* von Helmut Krausser (1993) eindrucksvoll abgehandelt. Er erzählt hier die Geschichte eines Einsiedlers, der im späten Mittelalter durch Kontemplation Melodien als göttliche Eingebung erhält, die die Menschen

Gerard van Honthorst, 1590 — 1656, eine Gruppe Musizierender (www.visipix.com)

form, die mit nur sehr wenigen Vokabeln (gerade mal sieben Töne, plus Halbtöne) auskommt, um sehr komplexe mehrdimensionale und nichtstoffliche Kunst zu erschaffen, die gerade ihrer Nichtsprachlichkeit wegen, die Menschen sehr direkt emotional erreicht.

Betrachtet man jedoch die musikwissenschaftliche Forschungslage zur Wirkweise von Musik auf den Menschen genauer, bleibt von dieser Romantik nur wenig übrig. Schon die Bewertung von Dur- und Moll-Dreiklängen ist in hohem Maße kulturellen Kontexten unterworfen. Verallgemeinerbar ist allerdings, dass der Mensch rhythmische Wiederholungen liebt und bekannte melodische Floskeln in unbekannten Melodien wiedererkennt: Er mag den Refrain! Das ist schon bei sehr kleinen Menschen so. Dieses „immanente" Wissen über Musik spielt auch kulturübergreifend in engsten zwischenmenschlichen Beziehungen eine Rolle: So singen, vorzugsweise die Mütter (was wohl sozialisationsbedingt ist, denn Väter könnten das von ihrer stimmlichen Disposition genauso gut), kleinen Kindern etwas vor, um sie zu beruhigen, sie in den Schlaf zu wiegen. Die Gesänge, die hier erklingen, sind oft einfache Dreiklangsmelodien. Die rhythmischen Motive haben häufig wiegenden Charakter, die Länge der Stücke ist überschaubar kurz, das Tempo korrespondiert gut mit biologischen Größen wie dem Herzschlag oder dem Metrum langsamen Schreitens und je freudvoller der emotionale Gehalt des Singens ist, umso mehr interessieren sich die Kinder dafür (vgl. Corbeil 2013).

Doch selbst diese allgemeinen Kriterien sind einer großen individuellen Bandbreite unterworfen. Überdurchschnittlich häufig singen Eltern ihren Kindern nur dann vor, wenn sie sel-

in seiner Umgebung von psychischen und körperlichen Leiden erlöst. Krausser beschreibt packend, wie der Eremit von der Amtskirche verfolgt und schließlich wegen Ketzerei angeklagt und getötet wird. Kurz vor seiner Hinrichtung gelingt es einem jungen Geistlichen, ihm wenigstens Teile seiner Melodien zu entlocken, die dann eine Reise durch die Musikgeschichte antreten und bei Komponisten wie Gesualdo, Allegri, Mozart und anderen in Teilen anklingen und erklären soll, warum gerade diese Musik so viele Menschen bis heute in Resonanz versetzt. Die Rede ist von einer „Universalen Musik", die über zeitliche, kulturelle und individualpsychologische Grenzen hinweg bei ihren Zuhörern ähnliche oder vielleicht sogar gleiche Empfindungen und Gedanken erzeugt.

Genährt wird diese Sehnsucht zu einem großen Teil von der Musik selbst. Als einer Kunst-

ber in ihrer Entwicklung diese Form von wärmender und Halt gebender Zuwendung erfahren haben. Erfreulich ist dann umso mehr, wenn engagierte werdende Mütter und Väter nicht nur geburtshilfliche Kurse in Anspruch nehmen, sondern auch Spezialangebote von Musikschulen aufsuchen, die dieser Personengruppe neue oder vergessene Lieder nahebringen, die sie dann ihren Babys vorsingen können (vgl. Carolan 2012 u. Reinhardt 2014). Bei der Umsetzung des Gelernten versorgt uns die Biologie glücklicherweise mit sehr unmittelbaren Feedback-Schleifen, denn das Glück, ein Baby erfolgreich in den Schlaf gesungen zu haben, teilt sich den Eltern sehr unmittelbar mit, es belohnt sie mit einem Lächeln.

Singen macht glücklich?

Auch die moderne Medizin untersucht inzwischen die Wechselwirkungen von Musik auf uns: Unter dem Titel *Warum Singen glücklich macht* erschien jüngst ein Band des Oldenburger Musikpsychologen Gunter Kreutz (2014).

Er differenziert dabei unsere Eingangsfrage zwischen Musik machen (vor allem durch Singen) und Musik hören. Aktives Musizieren scheint hierbei dem passiven Hören überlegen zu sein: Aktives Singen wirkt stressregulatorisch günstig auf das Herz-Kreislauf-System. Es verwickelt unterschiedlichste Hirnregionen in Aktivitäten, sowohl jene für Emotionen als auch jene für Kognitionen, auch über die Hemisphären-Grenzen hinweg. Es stimuliert unser Immunsystem, und über einen erhöhten Ausstoß des Hormons Oxytocin kommt es zu positiven Selbsterfahrungen und sozialer Nähe. Gerade dieser Aspekt erklärt auch gut, warum Singen in Gemeinschaft für so viele Menschen eine gute Erfahrung ist.

Kann man daraus aber für alle Menschen ableiten, dass Singen glücklich macht? Es gilt zu bedenken, dass die untersuchten Gruppen alle aktiv Musik ausüben, seien es Laiensänger in Chören oder sogar Berufsmusiker und -musikerinnen. Da aber bei genauerem Hinsehen in den zitierten Studien nicht explizit danach gefragt wurde, wie für die Teilnehmenden das Musikmachen besetzt ist, ist Vorsicht angebracht, Verallgemeinerungen vorzunehmen. Denn das Erleben von Musik kann interindividuell und über die Lebensspanne hinweg kontextabhängig sehr variieren:

Herr S. ist ein 58jähriger Lehrer an einer städtischen Musikschule. Er kommt in die Psychotherapie wegen einer schweren depressiven Episode, die bereits seit einem Jahr andauert.

Auslöser war ein massiver Konflikt am Arbeitsplatz, nach dem seine Chefin ihm das bisherige Stundendeputat für sein Hauptfach Cello gekürzt hatte, um ihn, ohne mit ihm zuvor ein Einverständnis herzustellen, in Grundschulen zu schicken, um dort Gitarre und Blockflöte zu unterrichten.

Herr S. ist völlig verzweifelt. Er fragt sich, ob er als Musiker und Musiklehrer unzureichend sei. Diese Gedanken belasten inzwischen auch seine Tätigkeit als aktiver Musiker, obwohl er, bei Licht betrachtet, bislang auf eine sehr respektable Karriere als Kammermusiker verweisen kann, mit vielen preisgekrönten CD-Einspielungen.

Auch früher hatte er manche Krisen zu bewältigen, und wenn diese nicht zu gravierend waren, half ihm die Musik dabei. Doch das, was er jetzt erlebe, erschüttere ihn so dermaßen, dass die Musik nicht mehr tröstend beistehe, aus zwei Gründen: Erstens erfordert Musik machen ein Höchstmaß an Konzentration, und die hat er im Moment aufgrund seiner Depression nicht; zweitens ist die Musik ja genau der Gegenstand dessen, was seine Selbstzweifel ausmacht, und eine intensive Beschäftigung mit Musik verstärkt seine Selbstzweifel nur noch.

Wir sind uns im therapeutischen Prozess schnell einig darüber, dass eine vorübergehende „Musik-Diät" im Moment die wichtigste Voraussetzung ist, um überhaupt wieder festen Boden unter die Füße zu bekommen.

Musik ist eine anspruchsvolle Ressource! Es bedarf eines Mindestmaßes an psychischer Stabilität, um einer möglichen Affektüberflutung, die in der Regel als entmächtigend erlebt wird, vorzubeugen und auch eine biografische Verortung von Musik sollte im therapeutischen Kontext berücksichtigt werden (vgl.

musik

Gospelchor, Oslo (www.wikimedia.org)

Abilgaard 2013). Die folgende zweite kurze Fallgeschichte mag dies verdeutlichen:

Frau A. kommt völlig verstört in die Chefarztvisite. Sie habe gerade eben an der Musik-Therapie teilgenommen. Dort sei zum Schluss ein Lied gesungen worden. Das habe bei ihr Erinnerungen an ihren Schulmusikunterricht wachgerufen. Sie sei so etwa sieben Jahre alt gewesen. Da hätte sie im Musikunterricht aufstehen müssen, um vor allen anderen Kindern ein Lied vorzusingen. Der Lehrer habe dann ihren Vortrag schon nach kurzer Zeit abgebrochen und ihr gesagt, dass sie nicht weiter am Chor teilnehmen dürfe, da sie mit ihrer Unfähigkeit zu singen alle anderen stören würde. Auch hier kommen wir schnell überein, dass Musiktherapie in der erlebten Form bei Frau A. den therapeutischen Prozess eher behindern als fördern würde, da sie zum jetzigen Zeitpunkt im Sinne eines Triggers alte Wunden reaktiviert.

Musik setzt Menschen in Beziehung zu sich und anderen

Es fällt schwer angesichts der klinischen Erfahrungen, Musik eine für sich stehende kontextunabhängige heilsame Wirkung zuzuschreiben. Mir scheint es sinnvoller statt eines „One fits for All!" nach denjenigen Bedingungen zu fragen, unter denen Musik von sehr vielen Menschen zu entsprechend günstigen Zeitpunkten als heilsam erlebt werden kann. Dazu ist es nützlich, die interaktionellen Seiten von Musik genauer unter die Lupe zu nehmen:

Wenn Musik beispielsweise in Gruppen erlebt oder aktiv betrieben wird, kann dies erheblich stabilisierend wirken. Auch Kreutz zitiert hier mehrere Studien, wo ein solches Setting ein Gefühl kollektiver Verbundenheit, ein Gefühl des Beitrags zu einem Ganzen, das größer ist als die Summe der Einzelteile, bis hin zu persönlicher Transzendenz bewirkt. Allerdings ist auch diesen Studien implizit immer unterlegt, dass Musik machen positiv besetzt sei.

Ich selber mache jedes Jahr immer wieder aufs Neue die Erfahrung, dass es in den Gruppenkonstellationen (wie wir sie bspw. bei den morgendlichen Einstimmungen während der Tagungen in Lindau erleben) durchaus auch Menschen gibt, die Musik und ihrer eigenen Stimme bislang eher ambivalent gegenüberstanden, da auch sie belastende Erlebnisse damit verbinden. Dann liegt es besonders in der Verantwortung des Gruppenleiters, eine Atmosphäre zu erzeugen, wo sich der einzelne in der Gruppe aufgehoben fühlt, wo Verbundenheit untereinander gefördert wird, und nie der Eindruck entsteht, etwas gegen seinen Willen tun zu müssen.

Unter diesen Voraussetzungen kann Verbundenheit mit sich und anderen als resilienzfördernd erlebt werden, vielleicht auch eine Erleichterung darüber, miteinander in Kontakt treten zu können ohne reden (zu müssen) und Vielstimmigkeit als Qualität und nicht als Verstörung zu erleben.

Aber es gibt noch eine weitere Ebene von Interaktion, die die Forschung bislang völlig außer Acht lässt: Musik wird von Menschen interpretiert und von Menschen erfunden. Diesem Aspekt, welche Verbindung sich beispielsweise zwischen der Biografie eines Komponisten und den Hörern seiner Musik aufbaut, ging Luise Reddemann (2005) in ihrem Buch zu Johann Sebastian Bach „Überlebenskunst" nach.

Sie interessierte sich hier dafür, wie es Bach angesichts so vieler belastender Lebensereignisse (Vollwaise im Alter von zehn Jahren, Verlust der ersten Ehefrau, ohne sich von ihr verabschieden zu können, er musste von zwanzig Kindern zehn selber beerdigen, wiederkehrende Versagung von Wertschätzung durch Vorgesetzte, schwere körperliche Erkrankungen im Alter) dennoch so viel Musik komponieren konnte, die bis heute die Herzen der Menschen erreicht, sie tröstet. Vielleicht weil diese Musik Bach selber getröstet haben könnte?

Ausgehend von den salutogenetischen Konzepten Antonovskys untersucht sie Bachs Musik auf verschiedene Resilienzfaktoren hin und entdeckt hier seinen Humor, seinen Optimismus, seine Verbundenheit mit einem Größeren Ganzen, seine Fähigkeit zur Dankbarkeit und seine Verbundenheit mit anderen Menschen.

Dieser Ansatz, sich den Biografien resilienter Musiker-Persönlichkeiten durch das Hören oder das aktive Musizieren ihrer Werke zu nähern und dadurch mit der eigenen Resilienz in Kontakt zu treten, scheint mir einer der wesentlichsten Aspekte, unter denen Musik als heilsam erlebt werden kann.

Wir sind damit in guter Gesellschaft. Auch für Franz Schubert war dieser Aspekt des sich Verbundenfühlens als Teil eines Größeren Ganzen sehr wichtig. Er schreibt am 13. Juni 1816 in sein Tagebuch:

Ein heller, lichter, schöner Tag wird dieser durch mein ganzes Leben bleiben. Wie von ferne leise hallen mir noch die Zaubertöne von Mozarts Musik. Wie unglaublich kräftig und wieder so sanft ward's durch Schlesingers meisterhaftes Spiel ins Herz tief, tief eingedrückt. So bleiben uns diese schönen Abdrücke in der Seele, welche keine Zeit, keine Um-

stände verwischen, und wohlthätig auf unser Daseyn wirken. Sie zeigen uns in den Finsternissen dieses Lebens eine lichte, helle, schöne Ferne, worauf wir mit Zuversicht hoffen. O Mozart, unsterblicher Mozart, wie viele o wie unendlich viele solche wohlthätige Abdrücke eines lichtern bessern Lebens hast du in unsere Seelen geprägt.

Valentin 1997, S. 31

Literatur
Abilgaard P. (2013): Stabilisierende Psychotherapie. Stuttgart
Carolan M., Barry M., Gamble M., Turner K., Mascareñas O.: Experiences of pregnant women attending a lullaby programme in Limerick, Ireland (2012): a qualitative study. Midwifery. 2012 Jun; 28(3):321-8
Corbeil M., Trehub SE, Peretz I. (2013): Speech vs. singing: infants choose happier sounds. Front Psychol. 2013 Jun 26;4:372
Krausser H. (1993): Melodien. München
Kreutz G. (2014): Warum Singen glücklich macht. Gießen
Reddemann L. (2005): Überlebenskunst, Stuttgart
Reinhardt D. (2014): When the mother sings and speaks, premature infants show better development. MMW Fortschr Med. 2014 Jan 20;156(1): 32
Valentin E. (1997): Franz Schubert Briefe. Zürich

Peer Abilgaard
Prof. Dr. med., Chefarzt an der Klinik für Psychiatrie und Psychotherapie der Katholischen Kliniken Duisburg, Professor für Musikermedizin an der Hochschule für Musik und Tanz Köln. Hier Leitung des Peter-Ostwald-Instituts für Musikergesundheit. Vorsitzender der Internationalen Gesellschaft für Tiefenpsychologie

musik

Die Zauberflöte

O zittre nicht …

3. Die „Große Mutter"

Der erste Teil der Zauberflöte steht ganz im Zeichen des weiblichen Prinzips: der Wald als Bereich des körpernahen Unbewussten, die Schlange als eine der Erde verbundene Lebensenergie, der naturhafte Vogelmensch Papageno, die verführerischen drei Damen, die

Karl Friedrich Schinkel: Die Zauberflöte, I. Akt, 6. Szene: Sternenhimmel, der Mond als Thron der Königin der Nacht (1819–24)

den noch gar nicht heroischen Tamino vor der verfolgenden Schlange retten, die machtvolle Königin der Nacht, die Faszination Taminos durch das Bildnis der Pamina, ja auch die Zauberflöte selbst stammt ja, wie wir gesehen haben, aus den Wurzeln einer Eiche. Ganz offensichtlich ist es die Energie des Weiblichen, die die Ausgangsbasis bildet und unsere Helden auf die Große Suche schickt.

Die vom Weiblichen, von der Königin der Nacht, Geliebten, sind die Dichter und Sänger, die Musiker des Herzens, welche die Stummheit des weiblichen Dunkels nicht nur zum Licht rationaler Erkenntnis und Erleuchtung heben, sondern sie zu Klang und Ton kommen lassen. (Neumann 2005, S. 31)

Im zweiten Teil der Oper offenbart die „Große Mutter" aber auch ihre dunklen furchtbaren und verschlingenden Seiten, sie wird zur „Todesmutter". Wehe dem, der es wagt, sich aus ihrem Bannkreis zu bewegen, sich von ihr zu lösen, selbstständig zu werden. Er wird von ihr auf ewig verflucht und mit Hass und Tod verfolgt. So warnt die Königin der Nacht später ihre Tochter, wenn sie nicht bereit ist, Sarastro zu töten und zu ihr zurückzukehren:

Der Hölle Rache kocht in meinem Herzen, Tod und Verzweiflung flammet um mich her! …Verstoßen sei auf ewig, verlassen sei auf ewig, zertrümmert sei'n auf ewig alle Bande der Natur, wenn nicht durch dich Sarastro wird erblassen! Hört, Rachegötter! Hört der Mutter Schwur!

Dass dies eine der bekanntesten Arien der ganzen Opernmusik überhaupt ist, liegt vermutlich nicht nur an der dramatischen Musik Mozarts, sondern auch an der Macht, die die reale wie archetypische Mutter im Leben vieler Menschen spielt. Aufgrund der überaus engen frühkindlichen Beziehungssituation des Kindes mit der Mutter ist der (un-)heimliche Einfluss des Mütterlichen für viele Menschen kaum in ganzer Tiefe auszuloten und zu überwinden.

Sich der Mutter als freier, eigenverantwortlicher Mensch gegenüber zu stellen, das eigene Leben zu leben, die Dankesschuld ihr gegenüber nicht zum Gefängnis werden zu lassen und gleichzeitig ein positives Bild vom Weiblichen in sich zu entwickeln, ist für viele Menschen eine fast unlösbare Individuationsaufgabe. In der Zauberflöte gelingt dies zunächst nur durch ein aggressives Eingreifen des männlichen Prinzips, mit Hilfe der Liebe und der magischen Musikinstrumente.

Der Archetyp der Resonanz

Bernd Leibig

In den Regenwäldern Südostasiens gibt es das wundersame Phänomen, dass große Ansammlungen von Glühwürmchen, die sich auf die Blätter der Bäume verteilt haben, alle gleichzeitig aufleuchten. Das Erstaunliche ist die genaue Synchronisation abertausender von Glühwürmchen über eine Strecke von mehreren hundert Metern, teilweise erstreckt es sich sogar über Kilometer.

Die Glühwürmchen sind synchronisiert und aufeinander abgestimmt. Sie stehen in Resonanz miteinander. Und sie halten einen bestimmten Rhythmus ein, mit einer Frequenz von etwas mehr als einem Leuchtblitz pro Sekunde. Das bedeutet, es muss eine Art innere Uhr bzw. einen Oszillator geben. Man bekommt den Eindruck, es müsse einen Dirigenten geben, der dieses Leuchtkonzert koordiniert.

Was steht hinter dem Phänomen? In Untersuchungen hat man herausgefunden, dass es keinen Dirigenten gibt, sondern dass die Glühwürmchen sich spontan aufeinander abstimmen. Der Eigenrhythmus jedes Glühwürmchens wird in kurzer Zeit entweder verlangsamt oder beschleunigt, bis die Synchronisation mit den anderen erreicht ist.

Es handelt sich um ein Prinzip von Selbstorganisation. Aus sich selbst heraus, aus dem System Glühwürmchen heraus, entsteht eine größtmögliche Ordnung aus dem Chaos.

Dies kann nur gelingen, wenn die Glühwürmchen sich aufeinander beziehen, sich auf die anderen ausrichten, sich in einer Beziehung zueinander befinden, also wenn sie in Resonanz miteinander stehen.

Auch hinter anderen Synchronisationen stehen Resonanzen. So werden im Schrittmacher unseres Herzens, dem Sinusknoten, etwa 10.000 rhythmusgebende Zellen so miteinander koordiniert, dass daraus der regelmäßige Herzschlag entsteht und dies muss einigermaßen zuverlässig funktionieren, etwa drei Milliarden Mal ein Leben lang. In welcher wundersamen Beziehung stehen diese Zellen zueinander, damit sie sich, wie die Glühwürmchen, miteinander synchronisieren?

Das dahinter stehende zentrale Prinzip scheint mir zu sein, dass die Dinge miteinander in Beziehung stehen, also, dass sie in Resonanz miteinander sind. Das Resonanzprinzip durchwirkt die gesamte belebte und unbelebte Natur, sodass ich von einem Archetyp der Resonanz sprechen möchte.

C. G. Jung hat die Archetypen in einer seiner Definitionen als „pattern of behaviour" bezeichnet, als auf die Verhaltensweisen der Menschen bezogen. Des Weiteren kennen wir die eher personal auf das menschliche Erleben ausgerichteten Archetypen, wie den Archetyp der Großen Mutter, des Alten Weisen, den Archetyp des Kindes usw. Dann hat Jung aber interessanterweise auch vom psychoiden Archetyp gesprochen, wenn es ihm darum ging, dass Archetypisches nicht nur in der menschlichen Natur zu finden sei, sondern in der ganzen, auch der anorganischen, auch der unbelebten Natur. In diesem Bereich möchte ich den Archetyp der Resonanz ansiedeln. Resonante Phänomene sind so umfangreich, dass es meines Erachtens keinen Bereich sowohl menschlichen Erlebens gibt als auch keinen Bereich in den Wissenschaften und im Kosmos, in welchem das Resonanzprinzip nicht wirken würde. Jung schreibt:

Die Archetypen sind, wie es scheint, nicht nur Einprägungen immer wiederholter typischer

Erfahrungen, sondern zugleich auch verhalten sie sich empirisch wie Kräfte oder Tendenzen zur Wiederholung derselben Erfahrungen.

Jung GW 7, § 109

Wenn Jung vom „psychoiden Archetyp" spricht, so meint er das transzendente, bewusstseinsübergreifende Wesen des Archetyps, also eben jenes Wirksamkeitsprinzip, welches die ganze Welt durchzieht.

Jung hatte schon eine Vision davon, dass es synchronistische Bezogenheiten auch außerhalb der menschlichen Psyche gibt. Er schreibt:

Ich sehe keinen Grund, warum die Synchronizität immer nur eine Koinzidenz zweier psychischer Zustände oder eines psychischen Zustandes mit einem nicht-psychischen Ereignis sein soll.

Briefwechsel Pauli und Jung, 30. November 1950, zit. nach Miller (2009)

Heute wissen wir, dass es z. B. ein erstaunliches Zusammengehörigkeitswissen, so möchte ich es einmal nennen, von Elektronenpaaren gibt, die in unterschiedlicher Richtung voneinander wegfliegen. Das bedeutet, dass es auf dieser subatomaren Ebene Resonanzen gibt, um nicht von „Sympathie" zwischen zwei Elektronen zu sprechen.

Auch Wolfgang Pauli, der sich mit Jung intensiv über die Beziehung von Physik und Transzendenz ausgetauscht hat, war der Meinung, als psychoide Strukturelemente seien die Archetypen Träger der autonomen, objektiv gedachten, transzendentalen Ordnung, die Geist und Welt verbinde.

In welchem assoziativen Umfeld bewegen wir uns, wenn wir über Resonanzen nachdenken und nachfühlen?

1. Es geht um Anziehung. Menschen können durch Sympathie und Liebe voneinander angezogen sein. Im Kosmos wirken Anziehungskräfte. Ohne gravitative Anziehung würde der Mond nicht um die Erde kreisen, die Erde nicht um die Sonne und

Milchstraßensysteme gäbe es so vermutlich auch nicht.

2. Es geht um Beziehung und Bezogenheit und darum, in Verbindung zu stehen. Auch diese Phänomene finden wir in der belebten und unbelebten Natur.

3. Es geht um Übereinstimmung, Harmonie und Gleichklang. Denken Sie an die Resonanz in der Musik, an den Resonanzkörper von Musikinstrumenten, der die Musik erst zum Erlebnis werden lässt. Zu geringe Resonanz erleben wir als flach.

4. Es geht um wechselseitiges Bewirken und Beeinflussen. Durch Resonanz möchten wir im Anderen etwas Auslösen, eine Reaktion hervorrufen. Wir wollen Effektanz erleben und wir wollen Anklang finden.

Auf physikalischer Ebene geht es um das Phänomen gekoppelter Oszillatoren, also Taktgeber, die miteinander in Verbindung treten, und es scheint ein selbstorganisierendes Prinzip zu geben, das die verschiedenen Takte ins Verhältnis setzt und in Übereinstimmung bringt. Das ist genau das, was im Beispiel der Glühwürmchen oder den Zellen im Sinusknoten des Herzens geschieht. Autonome Oszillatoren treten in Resonanz zueinander und schwingen sich damit gegenseitig in einen synchronen Zustand ein.

Resonanz in der unbelebten Natur

Ohne die Bezogenheit der Galaxien und der Sterne aufeinander, lässt sich unser Kosmos eigentlich nicht vorstellen. Wie sollten ohne gravitative Bezogenheit die Planeten auf ihren Bahnen bleiben? Wir hätten keinen Mond, zu dem wir in warmen Sommernächten romantisch emporschauen können. Und wir hätten keine Ebbe und Flut. Und wo sollte das Wasser der Weltmeere eigentlich sein, wenn durch gravitative Anziehung nicht alles seinen Zusammenhalt hätte.

Ein schönes Beispiel für Resonanzen und Synchronisierungen sind die synchronisierten Pendel zweier Uhren des holländischen Physikers Christiaan Huygens. Wir sind im Jahr 1665. Huygens hatte zwei schwere Pendel-

Die Galaxie Messier 81 liegt im nördlichen Sternbild Ursa Major, sie ist leicht durch ein Fernglas oder ein kleines Teleskop sichtbar. M81 liegt in einer Entfernung von zwölf Millionen Lichtjahren. (www.wikimedia.org)

uhren im Abstand von ungefähr einem halben Meter aufgestellt. Er bemerkte nun, dass die beiden Pendel in vollkommenem Einklang schwangen, immer aufeinander zu und wieder von einander weg. Huygens schrieb: „Nachdem ich den Effekt eine Zeit lang bewundert hatte, fand ich heraus, dass er durch eine Art Sympathie, durch Gleichklang, entsteht." Wenn er die Schwingungen durcheinanderbrachte, waren sie spätestens nach einer halben Stunde wieder synchron und blieben es auch, solange er es zuließ.

Huygens wollte natürlich wissen, was hinter dem Phänomen steckt. Er stellte die beiden Uhren um 90 Grad verdreht zueinander und das Resonanzphänomen verschwand. Ebenso verschwand das Phänomen, wenn er die Uhren mehr als 1,80 m trennte. Er hatte die Hypothese, dass nicht spürbare Luftbewegungen Überträger der Resonanz wären, und so schob er ein dickes Brett zwischen die Uhren. Sie blieben aber im Takt. Schließlich entdeckte er, dass es an der gemeinsamen Aufhängung der Uhren liegen müsse und dass sich die Resonanzen darüber herstellten. Über kleinste resonante Wechselwirkungen, die über die Materie weitergeleitet wurden, kam es zu einer Synchronisierung. Besonders interessant dabei ist, dass die Synchronisierung als Resonanzphänomen in der anorganischen Welt stattfindet. Es braucht dazu kein Lebewesen, es braucht auch nicht die Spur von Intelligenz dazu. Huygens hatte den unbelebten Synchronismus entdeckt.

So wie Huygens sprach übrigens auch Erich Neumann bei seiner Darstellung der Einheitswirklichkeit von der „Sympathie der Dinge".

Ein weiteres modernes Beispiel für Resonanz in der unbelebten Welt ist die Lasertechnologie. Sehr vereinfacht erklärt, handelt es sich bei Lasern um synchronisierte Lichtwellen, die dadurch hervorgerufen werden, dass Billionen von Atomen in kohärente, resonante Schwingungen versetzt werden. Die einzelnen Atome unterscheiden sich nicht von denen einer Glühlampe. Die Kunst besteht darin, sie in geeigneter, resonanter Weise in Kooperation zu bringen. Im Gegensatz zur spontan synchronisierten Resonanz bei den Uhrenpendeln handelt es sich beim Laser um eine induzierte, gewollte Resonanz. Schon Wolfgang Pauli unterschied zwischen „spontanen" synchronistischen Vorkommen und „induzierten" Synchronizitätsfällen. Pauli benutzte für zufällige Vorkommnisse auch den Begriff „Sinn-Korrespondenz."

Resonanzen in der unbelebten Natur haben auch ihre Kehrseite. Es gibt Aufschaukelungsprozesse mit erheblichen negativen Auswirkungen, wobei im folgenden Beispiel die belebte Natur, nämlich der Mensch, eine entscheidende Rolle mitspielte.

Im Juni des Jahres 2000 wurde die hochmoderne und teure Milleniumfußgängerbrücke in London eingeweiht und der Öffentlichkeit übergeben. Am Eröffnungstag strömten die Menschen auf die Brücke und nach kurzer Zeit begann diese bedenklich in S-förmigen Schwankungen wie eine Schlange zu schwingen mit einem seitlichen Ausschlag bis zu

20 cm. Das reichte aus, um die Menschen in Angst und Schrecken zu versetzen. Zwei Tage nach der Eröffnung wurde die Brücke wieder gesperrt. Was war geschehen?

Die einzelnen Schritte der Fußgänger haben eine geringfügige seitlich wirksame Kraft, die sich bei einer großen Anzahl von Menschen normalerweise gegenseitig aufheben. Nun kam es offenbar zu zunächst geringen seitlichen Schwingungen und die Leute koordinierten unbewusst ihren Schritt im Sinne eines Wiegeschritts, mit der Schwingungsfrequenz der Brücke, was das Phänomen verstärkte und zu den Aufschaukelungen führte. Wir sehen also, dass der Archetyp der Resonanz wie jeder Archetyp seine Polaritäten und positive wie negative Auswirkungen in sich trägt.

Resonanz in der belebten Natur

Synchronisierungsprozesse, also gegenseitige Abstimmungen, sind ein wesentliches Merkmal von Resonanzen auch in der belebten Natur. Denken wir etwa an circadiane Rhythmen, wie sie im Schlaf-Wach-Geschehen auftreten. Die meisten Organsysteme haben ihren eigenen Rhythmus.

Die schon erwähnten Zellen des Sinusknoten des Herzens fungieren als autonomer Taktgeber für den Herzschlag. Diese Zellen müssen untereinander koordiniert sein und natürlich Rückmeldungen des Körpers resonant aufnehmen, um je nach Belastung das Herz schneller oder langsamer schlagen zu lassen.

Auch andere Organsysteme haben ihren Eigenrhythmus, der festlegt, zu welchen Tageszeiten z. B. die Verdauungstätigkeit hochgefahren werden muss. Oder denken Sie an die Hormone. Besonders ausgeprägt ist die unterschiedliche Produktion von körpereigenem Kortisol, die in den frühen Nachtstunden, ungefähr zwei Stunden vor dem Aufwachen, schon ein Maximum hat und zum Zeitpunkt der Mittagsschläfrigkeit, ungefähr von 14.00 bis 16.00 Uhr einen Niedrigstand erfährt.

Diese organspezifischen inneren Uhren werden dann noch von einer Zentraluhr gesteuert. Diese befindet sich im Bereich des vorderen Hypothalamus An dieser Stelle bilden Tausende von Neuronen mehrere Oszillatoren, also Taktgeber, die sich wiederum untereinander resonant synchronisieren müssen, um dann als zentrale Referenzuhr für das Körpergeschehen wirken zu können.

Durch resonanten Abgleich mit der Zentraluhr kommt es zu einer Symphonie von Körperprozessen. Ein bis zwei Stunden vor dem Aufwachen steigt die Körpertemperatur. Die kognitive Aufmerksamkeitsfunktion wird über die innere Uhr geregelt. So hat man etwa festgestellt, dass sich Verkehrsunfälle am häufigsten um 5.00 Uhr früh und dann mit einem zweiten Häufigkeitsgipfel, wieder zwischen 13.00 und 16.00 Uhr ereignen, weil eben in diesen Zeiten die Aufmerksamkeit am niedrigsten ist.

Die Synchronisation der inneren Uhr sorgt auch dafür, dass Herzinfarkte am häufigsten früh um 9.00 Uhr stattfinden, weil dann nämlich der Blutdruck am höchsten ist. Unser gesamtes Körpergeschehen ist also in höchster Weise resonant aufeinander abgestimmt.

Welche Bedeutung kommt der Resonanz in unserem menschlichen Erleben zu?

Ohne Resonanz gibt es wohl kein menschliches Leben und Erleben, weshalb ich das Resonanzprinzip für einen der zentralsten Archetypen halte.

Neurobiologische Prozesse

Beginnen wir mit der Neurobiologie des Gehirns. Unsere Wahrnehmungsfähigkeit von uns selbst und von der Welt basiert auf einer resonanten Abstimmung der verschiedenen Hirnstrukturen. Nur wenn die Kerne des evolutionär ältesten Teils unseres Gehirns, des Stammhirns, in resonanten wechselseitigen Beziehungen zum limbischen System stehen und dieses wiederum in gegenseitigen Projektionen zur Großhirnrinde steht, kann ein kohärentes Welt- und Selbstbild in unserem Kopf entstehen.

Die Aktivierungs- und Hemmungsprozesse durch die neuronalen Verschaltungen müssen aufs Genaueste aufeinander abgestimmt sein. Alle neuronalen Top-down und Bottom-up-Prozesse müssen in vielfältigster Weise funktionieren, damit ein stimmiges kohärentes Bild von der Welt entsteht und keine größeren Wahrnehmungsstörungen auftreten.

Darüber hinaus gibt es Hinweise, dass die Gleichzeitigkeit von neuronalen Feuerungen, vom Gehirn als Information darüber genutzt wird, welche der Millionen Informationen über Farbe, Geruch, Bewegung eines Gegenstandes nun eigentlich zusammen gehören. Was gehört mit was zusammen.

Dies wird in der Neurobiologie des Gehirns als Bindungsproblem bezeichnet. Wolf Singer spricht in diesem Kontext übrigens von Synchronizität, dem gleichen Begriff, dem C. G. Jung bekanntlich einige Aufmerksamkeit gewidmet hat. Die Synchronizität ermöglicht im Gehirn erst, dass wir ein kohärentes

Der russische Cellist Mstislav Rostropovich gilt als einer der bedeutendsten Cellisten der Geschichte. (Foto: 1959, www.wikimedia.org)

Welt- und Selbstbild haben können. Ich denke, Jung hat intuitiv mit der Synchronizität ein zentral wirksames organisierendes Prinzip der Welt erkannt und Synchronizität ist eben ein Resonanzphänomen.

Resonanzen in der Musik

Zum Erleben von Resonanzen in unserem menschlichen Umfeld gehört natürlich die Musik. Sie steht ja geradezu sprichwörtlich für Resonanz. Der Resonanzkörper einer Geige oder eines Cellos lässt die Töne erst zur Entfaltung kommen. Unser Brustraum ist Resonanzkörper für unsere Sprache und Gesang. Die Resonanz, der Gleichklang der Töne, lässt uns die wunderbare Musik von Pachelbels Kanon in D-Dur genießen oder die Freuden schöner Götterfunken.

Gerhard Heydt schreibt hier in dieser Ausgabe des Jung-Journals unter der Fragestellung: „Wie schafft es Musik, mit physikalischen Schwingungen die Seele zu erreichen?":

Musik berührt immer. Melodien und Rhythmen wirken auf Hirnregionen ein, in denen Trauer, Freude, Sehnsucht usw. verarbeitet

werden. Ganz besonders dicht wird die emotionale Wahrnehmung bei plötzlichem Wechsel der Lautstärke, bei unerwarteten Rhythmen, Harmonien und Melodien. … Musik ist eine universale Sprache, sie ist dem Wesen nach auf ein Du bezogen, sie schafft unmittelbares Gemeinschaftserleben, andererseits erfordert sie und fördert sie hohe soziale Kompetenz.

Wir finden in der Musik wichtige Resonanzkriterien wieder. Die Schwingung, den Rhythmus, die Synchronisation, die Bezogenheit. Und wir werden hingewiesen auf die universelle, archetypische Seite des Resonanzphänomens Musik. Es gibt keine Völker ohne Musik.

In der Musik sehen wir auch, wie zur Resonanz die Dissonanz dazu gehört. Zu viel Übereinstimmung kann langweilig und einschläfernd sein. Wir brauchen die Abwechslung, den Unterschied, das Hervorragende. Zuviel Resonanz kann verstörend und zerstörend wirken. Ein Glas, dessen Rand sie mit dem Finger immer weiter in Schwingungen versetzen, kann zerspringen. Das ist dann die Folge einer Hyperresonanz, die das System Glas nicht verträgt.

Seit etwas mehr als zehn Jahren wissen wir um die Bedeutung des Spiegelneuronensystems. Das Spiegelneuronensystem ist der Prototyp eines Resonanzsystems in unserem Gehirn. Durch die Spiegelneuronen werden Handlungen und Gefühle, die Andere erleben, in uns selbst repräsentiert und gespeichert.

Das Spiegelneuronen-Resonanzsystem fertigt eine neuronale Kopie des Anderen in uns an, indem es die gleichen neuronalen Kerne ins Schwingen, das heißt in neuronale Erregung bringt, die auch beim Gegenüber aktiviert sind. Und das funktioniert auf vollkommen unbewusster Ebene. Es ist so stark in unserem Inneren verankert, dass es kein Bewusstsein braucht, um zu funktionieren, so wie ich vorhin erwähnte, dass resonante Phänomene in der anorganischen Natur keine kognitive Intelligenz benötigen. Es handelt sich um Selbstorganisationsprozesse. Dies scheint mir auf der neurobiologischen Ebene eine Bestätigung für die übergreifende Bedeutung von Resonanzen zu sein.

Vittorio Gallese, einer der Entdecker des Spiegelneuronen-Resonanzphänomens, (Schiepek 2003/2011, S. 335 f.) spricht im Zusammenhang mit dem psychotherapeutischen Prozess davon, dass die verkörperte Simulation, wie er den spiegelneuronalen Prozess auch nennt, sich in einem „Wir-zentrischen Raum" abspielt.

Joachim Bauer sieht es so, dass durch das Spiegelneuronensystem ein „gemeinsamer zwischenmenschlicher Bedeutungsraum erzeugt wird".

Mit beiden Räumen, sowohl dem Wir-zentrischen Raum als auch dem zwischenmenschlichen Bedeutungsraum ist ein Schwingungsfeld gemeint, in dem es um Wechselseitigkeit und Ergänzung geht, wie es im Prinzip des mysterium conjunctionis von C. G. Jung auch benannt wurde, also letztlich ein Resonanzraum.

Das Spiegelneuronensystem basiert auf einem Resonanzphänomen. Vorgänge in mir erzeugen Resonanzen im Anderen und umgekehrt. Bereits C. G. Jung hat mit dem sogenannten Heirats- oder Übertragungsquaternio auf die wechselseitigen Verbindungen zwischen persönlichem und kollektivem Bewusst-

ten und Unbewussten hingewiesen. Wenn wir uns die fundamentale körperliche Verankerung klarmachen, die „verkörperte Simulation", wie Vittorio Gallese sie bezeichnete, werden wir vielleicht in der Therapie noch achtsamer für Übertragungs- und Gegenübertragungsphänomene sein, denn es handelt sich hier um die Wirksamkeit des Archetyps der Resonanz.

Emotionale Resonanz
Der Uhrenmacher und Physiker Huygens sprach von der Sympathie der Dinge. Und so geht es uns auch im menschlichen Beziehungsgeschehen. Manche Menschen sind uns sympathischer als andere. Wir können das oft gar nicht begründen. Es geschieht einfach so. Wir fühlen uns in Übereinstimmung mit manchen Menschen und mit anderen eben weniger. Intensivere Beziehungen entstehen, Freundschaften und natürlich auch die Liebe. Die Liebe ist möglicherweise das größte Resonanzphänomen, das uns Menschen möglich ist. In der Liebe spüren wir höchste Übereinstimmung. In der Verliebtheit wünschen wir, dass diese resonante Bezogenheit immer stärker wird und dass sie nie aufhört.

Semir Zeki, ein Neurowissenschaftler aus England, spricht von einem angeborenen „Liebeskonzept des Gehirns". Die konkreten Ausformungen dieses Liebeskonzeptes verändern sich im Laufe der Zeit. Die Vorstellungen von Liebe und Partnerschaft waren bei den alten Römern wohl andere als im Elisabethanischen England und natürlich auch andere als wir sie heute haben. Zeki weist dem Liebeskonzept eine archetypische Grundlage zu, sodass wir oft gar nicht frei wählen können, ob wir lieben wollen oder nicht. Er vergleicht es, sehr prosaisch, dem Farbensehen: Auch da können wir nicht auswählen, ob wir Farben sehen oder nicht – es geschieht einfach.

Für Zeki geht es beim Liebeskonzept gerade darum, die Liebe in ihren verschiedenen Formen als Ausdruck eines inneren Bedürfnisses zu sehen: die alltägliche Liebe, wie wir sie immer wieder spüren können, die Liebe, wie wir sie in der Sexualität fühlen können, die Liebe zu den Dingen und unseren Vorlieben und die transpersonale Liebe zu höheren Ideen und Gestalten wie etwa die göttliche Liebe. Im *Hohen Lied der Liebe* tritt die personale Seite der Liebe und die transpersonale Seite immer wieder gemeinsam auf und hat bei manchen Interpreten zu Verwirrung geführt, weil die Sprache des Hohen Liedes doch so arg deutlich auf konkrete menschliche Liebe ausgerichtet ist: „Mit den Küssen seines Mundes küsse er mich! Ja deine Liebe ist köstlicher als Wein." Verstehen wir den Text unter dem Gesichtspunkt der Resonanz, dem Gesichtspunkt des in Verbindung-stehen-wollens, so lösen sich die Widersprüche auf.

Semir Zeki hält es aus neurobiologischer Sicht für irrelevant, zu diskutieren, ob die sakrale oder die profane Interpretation korrekt seien - beide träfen zu.

Resonanz ist ein Beziehungsgeschehen. Wenn wir den Atomphysiker Hans-Peter Dürr hören, dass er aufgrund seiner lebenslangen Beschäftigung auf der Suche nach dem, was die Welt im Innersten zusammenhält, zu dem Ergebnis kommt, dass alles Beziehung ist, dann bekommen wir ein Gefühl für die archetypische Dimension der Resonanz als Beziehungsgeschehen.

Dürr kam zu der Auffassung, dass wenn wir die Materie immer weiter auseinandernehmen würden, nichts anderes mehr übrig bliebe, was uns noch an Materie erinnerte. Am Schluss sei kein Stoff mehr, nur noch Form, Gestalt, Symmetrie, Beziehung. Es bliebe nur etwas was mehr dem Geistigen ähnelte – ganzheitlich, offen, lebendig, Potenzialität.

Diese Potenzialität, das Aufgespanntsein zwischen den Polaritäten ist ja ein wichtiges Kennzeichen des Archetypischen. Und das Numinosum und Tremendum, das wir immer wieder spüren, wenn tiefe Resonanz geschieht, ist ebenso Charakteristikum des Archetyps.

Ein Weiteres schlussfolgert Dürr aus seinen zunächst rein naturwissenschaftlich geprägten Erkenntnissen: Die Welt ist das Eine und Ganze. (vgl. Dürr, 2010)

Hier findet sich die Idee des Unus mundus von C. G. Jung wieder: die Alleinheit, die Un-

Himmlisches Liebespaar (Mithuna), 13. Jh. Metropolitan Museum of Art, New York
(wikimedia.org)

geteiltheit und damit die Bezogenheit und Resonanz von allem mit allem. Die gleiche Idee finden wir ja auch in den „morphogenetischen Feldern" von Rupert Sheldrake.

Resonanz in der Psychotherapie

Welche Bedeutung hat es nun in der Psychotherapie, wenn wir die Wichtigkeit der Resonanz in ihrer archetypischen Tiefendimension anerkennen.

Resonanz ist, wie wir gesehen haben, in ihrer Struktur ein Beziehungsgeschehen und Psychotherapie ist ebenso im Wesentlichen Beziehungsgeschehen.

Der erste Prädiktor für eine gelingende Psychotherapie ist nach wie vor, wie positiv sich die Beziehung zwischen Patient und Therapeut gestaltet.

Prinzip Antwort

Wir kennen die alte, von Freud eingeführte Spiegelmetapher, die er für das Geschehen zwischen Arzt und Patient verwendete. Der Analytiker sollte die Spiegelfläche für die unbewussten Motivationen des Patienten sein und ihnen nichts hinzufügen. Dies ist ein typischer Ausdruck der Ein-Personen-Psychologie, wie sie anfangs von Freud noch gesehen wurde. Spätestens seit M. Balint sprechen wir von einer Zwei-Personen-Psychologie und dies hängt genau damit zusammen, dass wir den Menschen nicht als alleinstehende Monade betrachten, sondern als soziales Wesen, der auf Resonanz und Bezogenheit zu anderen angelegt ist.

Eine daraus folgende technische Implikation, die von Jung eingeführt wurde, ist die, dass nicht nur der Patient in freier Assoziation, wie bei Freud, seine aus dem Unbewussten aufsteigenden Ideen ausspricht, sondern dass in der Amplifikation die Anreicherung der Träume und Fantasien des Patienten auch durch die Einfälle des Therapeuten geschieht. Dies ist also ein typisches Resonanzgeschehen, dass Induktion durch den Patienten Reaktionen im Therapeuten erzeugt, die wiederum auf den Patienten rückwirken.

Dies ist durchaus nicht banal. Denn viel zu sehr schwirrt in den Köpfen von analytischen Psychotherapeuten das Ideal des sich äußerst zurückhaltenden, vor allem schweigenden Therapeuten herum. Introspektive und nachdenkliche Schweigephasen haben natürlich ihren Sinn, damit Assoziationen und Gefühle sich entfalten können. Aber Schweigen als solches hat unter dem Gesichtspunkt des Resonanzbedürfnisses keinen Wert an sich. Viel zu häufig kommt es vor, dass Patienten sich im Schweigen alleine gelassen fühlen und traumatisierende Isolationserfahrungen von früher sich dadurch wiederholen.

Kohut hat in einer kleinen, aber prägnanten Randbemerkung zu diesem Thema gesagt: „Es ist unhöflich, keine Antwort zu geben." Wir sollten uns in der Therapie diesen Höflichkeitsgrundsatz zu Herzen nehmen, weil es nicht nur höflich ist, sondern das Prinzip Antwort eine resonanzbefriedigende Wirkung hat. Wir brauchen in der Therapie deshalb nicht eine „optimale Frustration", wie es manchmal in Hinblick auf die Konfrontation mit der Realität gefordert wird, sondern das therapeutische Geschehen braucht eine hinreichend gute Resonanz.

Bindung

In der Entwicklung von Säuglingen ist es am günstigsten, wenn die Mutter, bzw die Bezugsperson, die Bedürfnisse des Babys adäquat erkennt und befriedigt, etwa, dass das Kind gestillt wird, wenn es Hunger hat. Weniger günstig ist es, wenn das Kind gewickelt wird, wenn es Hunger hat. Aber diesen beiden Verhaltensweisen der Mutter liegt eine Reaktion zugrunde, dass die Mutter auf das Schreien des Babys reagiert, also auf die Signale des Kindes mehr oder weniger adäquat antwortet.

Wir brauchen es in unserer menschlichen Natur, dass unsere Signale ankommen, aufgenommen werden und einigermaßen adäquat beantwortet werden. Ich betone einigermaßen angemessen, da gerade heute oft ein Hype um die optimale Reaktion der Eltern auf das Kind gemacht wird. Aber bereits der Kinderanalytiker Winnicott hat darauf hingewiesen, dass es genügt, wenn die Mutter „good enough" ist, hinreichend gut. Die Mutter muss für die emotionale Identitätsentwicklung des Kindes nicht optimal gut sein.

Eine Resonanzkatastrophe erleiden aber die Kinder, bei denen die Mutter, z. B. wegen eigener Depression, die Signale des Kindes nicht aufnimmt und nicht beantwortet. Weil das Erleben von Resonanz konstitutiv für das Herausbilden des Ichs und des Selbstes ist, können Resonanzmängel zu schweren Bindungsstörungen und Störungen in der Persönlichkeitsentwicklung führen. Wenn man den vielen psychischen Störungsbildern noch eines hinzufügen wollte, könnte man von einer Resonanzmangelstörung sprechen.

Das natürliche menschliche Resonanzprinzip ist darauf ausgerichtet, dass es Antworten gibt, dass Reaktionen auf unsere Signale erfolgen. Stellen Sie sich das Rufen in die Weiten des Weltraums vor. Wir bleiben vollkommen alleine zurück. Immer wieder begegnen mir in meiner Praxis Patienten, deren tiefstes Leiden in der Unbeantwortetheit in ihrer Kindheit liegt.

Und wie es im Mutter-Kind-Verhältnis günstige und weniger günstige Beziehungsmuster gibt, so ist dies auch in der Therapie. Meines Erachtens ist es günstig, wenn zu Beginn der Therapie ein gewisses Maß an emotionaler Resonanz möglich ist. Auf diese Schwingungen lässt sich aufbauen. Es gibt andere analytische Haltungen, die behaupten, wenn es von vornherein im Beziehungsgefüge ächzt und kracht, so habe man ja einen Focus, den man dann bearbeiten kann. Dies entspricht nicht meinen Erfahrungen. Wenn von der ersten Begegnung an das Resonanzbedürfnis des Patienten nicht anspringt, halte ich es für besser, keine Therapie miteinander durchzuführen.

Um kein falsches Bild aufkommen zu lassen: Emotionale Resonanz bedeutet nicht Verschmelzung, bedeutet nicht Auflösung im Anderen, keine Eliminierung von Unterschieden und auch nicht Unbegrenztheit. Emotionale Resonanz bedeutet das gegenseitige Bemühen um Integration und Differenzierung von bewussten und unbewussten Persönlichkeitsanteilen. In der Resonanz eröffnet sich somit eine vervollständigende Beziehungsmöglichkeit im Sinne von Ergänzung. Die Resonanz ist also eine wesentliche Voraussetzung zur Heilung, zur Ganzwerdung, zur Individuation. Barbara Gindl (2002) schreibt in ihrem Buch *Die Resonanz der Seele*, emotionale Resonanz bedeute bei einer tiefen Verbundenheit zugleich, dass eine eigene, abgegrenzte, wesenhafte Identität erlebt werden könne.

Übertragung und Gegenübertragung
Resonanz ist mehr als Übertragung und Gegenübertragung. Übertragung wird klassischerweise als Muster des Patienten ver-

Foto: www.wikimedia.org

standen, wie der Patient den Therapeuten aufgrund seiner lebensgeschichtlichen Erfahrungen wahrnimmt. Und Gegenübertragung wird die emotionale Reaktion des Therapeuten auf diese Übertragungen hin genannt.

Therapeutische Übertragungen sind nichts anderes als eine ganz übliche Vorgehensweise des Gehirns. Das Gehirn prüft im ersten Augenblick der Begegnung: Kenne ich diesen Menschen, ähnelt er im Aussehen, im Geruch oder in Verhaltensweisen Menschen, denen ich früher begegnet bin; und vor allem prüft das limbische System: Sind die Erinnerungen positiv oder negativ geprägt. Daraus resultieren dann Übertragungen.

In dem Wort Gegenübertragung verbirgt sich nach meiner Einschätzung noch die alte Spiegelmetapher. Der Patient hat eine Übertragung und der Therapeut reagiert dagegen. Er sollte eigentlich darauf reagieren und nicht dagegen. Die übliche Sichtweise von Übertragung und Gegenübertragung hat etwas Verobjektivierendes.

Resonanz ist mehr als das. In der Resonanz werden höchst eigene Anteile im Therapeuten ins Schwingen gebracht, die ihn anrühren und damit in Verbindung zum Patienten bringen. In der Analytischen Psychotherapie stehen wir dieser Sichtweise schon immer sehr nahe.

Es ist mit keinem Kunstgriff zu vermeiden, dass die Behandlung das Produkt einer gegenseitigen Beeinflussung ist, an welcher das ganze Wesen des Patienten sowohl wie des Arztes teilhat.

Jung, GW 16, § 163

Sehr viele wichtige Fortschritte in therapeutischen Beziehungen geschehen auf der Basis einer vertrauensvollen, resonanten und authentischen Realbeziehung, die mehr ist als eine Übertragungsbeziehung. Wir benötigen sozusagen eine Resonanzbereitschaft, eine Offenheit für alle Schwingungsebenen in unserem Umfeld. Wir können die Zustände von Kohärenz, von Übereinstimmung mit uns und unserem Selbst als Eigenresonanz verstehen. Dies bedeutet, dass wir uns in Schwingung befinden mit dem, wie unser Selbst wohl eigentlich gemeint ist. Was ist die von unserer Natur uns zugedachte Grundschwingung. Voraussetzung dafür, dem Patienten dazu zu verhelfen zu seiner Eigenresonanz zu finden, ist es, dass wir uns als Therapeuten mit uns selbst und mit unserem Selbst in Eigenresonanz befinden.

Zusammenfassung

Ich wollte mit meiner Darstellung resonanter Phänomene in der unbelebten und der belebten Natur und im menschlichen Erleben, speziell auch in der Psychotherapie den Blick richten auf die archetypische Dimension der Resonanz.

Das wechselwirkende Geschehen in der Resonanz ist von so grundsätzlicher Bedeutung, dass sich offenbar weder auf makroskopischer Ebene, denken Sie an die Resonanzen von Himmelskörpern, noch auf mikroskopischer Ebene (z. B. in der Quantenphysik) der Zusammenhalt unserer Welt überhaupt vorstellen lässt. Insofern ist die Resonanz ein unsere Welt durchwirkendes Prinzip. Sie ist ein ubiquitäres, vermutlich kosmologisch wirkendes Prinzip. Nach Jungs Verständnis vom psychoiden Archetyp können wir wohl angemessen von dem Archetyp der Resonanz sprechen, als einer Erscheinung, die unsere ganze Welt durchwirkt.

Literatur

Bauer, J. (2005): Warum ich fühle, was Du fühlst. Hamburg

Dürr, H. - P (2010): Geist, Kosmos und Physik. Amerang

Gindl. B. (2002): Anklang - Die Resonanz der Seele. Paderborn

Heydt, G. (2015): Musik, Musik, Musik, in diesem Jung Journal, Stuttgart

Jung, C. G. (1971): Zwei Schriften über Analytische Psychologie. GW 7. Olten und Freiburg

Jung, C. G. (1971): Praxis der Psychotherapie. GW 16. Olten und Freiburg

Miller, A. (2009): 137 - C. G. Jung, Wolfgang Pauli und die Suche nach der kosmischen Zahl. München

Neumann, E. (1959): Die Erfahrung der Einheitswirklichkeit in „Der schöpferische Mensch". Zürich. download www.opus-magnum.de

Schiepek, G. (2003/2011): Neurobiologie der Psychotherapie. Stuttgart

Strogatz, S. (2004): Synchron - Vom rätselhaften Rhythmus der Natur. Berlin

Zeki, Z. (2010): Glanz und Elend des Gehirns. München

Bernd Leibig
Facharzt für psychotherapeutische Medizin, Dozent, Lehr- und Kontrollanalytiker am C. G. Jung-Institut Stuttgart, Paartherapeut, Traumatherapeut, niedergelassen in eigener Praxis in Ammerbuch-Entringen. Ehem. Vorsitzender des C. G. Jung-Instituts Stuttgart

Das lebendige Geheimnis des Lebens ist immer zwischen Zweien verborgen, und es ist das wahre Mysterium, das Worte nicht verraten und Argumente nicht erschöpfen können.

C. G. Jung, Briefe 3, S. 328

„Gottes heiliger Lärm"

Die Bedeutung der Orgel im Wandel der Zeiten

Johannes Dürr

„Gottes heiliger Lärm" – so ist ein Kapitel in John Irvings Roman *Bis ich dich finde* überschrieben, in dem die Prostituierten des Amsterdamer Rotlichtviertels dem nächtlichen Spiel der Orgel in der Oude Kerk lauschen, dem sakralen Instrument schlechthin inmitten eines säkularen Kontextes in exponierter Form: einem Instrument mit höchst unterschiedlichen Bedeutungszumessungen im Lauf seiner Geschichte.

Beim Reformator Zwingli galt die Orgel als „des Teufels Dudelsack", die aus den Kirchen zu verbannen sei. In römischen Zirkusarenen diente sie der Inszenierung imperialer Machtfülle – nicht zuletzt zum Schrecken der verfolgten Christen, während sie heute nicht wenigen als kirchlich verstaubtes Relikt gilt, dessen Ruf allenfalls ein Cameron Carpenter mit seinem mobilen digitalen Superinstrument aufpolieren könnte.

Die Orgel, diese *Königin* bzw. dieser *König der Instrumente* (so W. A. Mozart 1777 in einem Brief an den Vater), zu deren Eigenarten es gehört, dass sie mit Füßen getreten und gemäß mittelalterlicher Spieltechnik gar „geschlagen" wird – kann zugleich die höchsten und tiefsten religiösen Gefühle hervorrufen.

Lang ist die Liste der Gewährsleute, welche die Orgel in höchsten Tönen loben, so unterschiedliche Geister wie Angelus Silesius, Schumann, Berlioz, Hebbel, Trakl, Hesse. Ein Zeitgenosse mag für viele stehen, Peter Eben:

Johann Sebastian Bach an der Orgel. Nach einem Gemälde von Edouard Hamman (1819 - 1888)

In der heutigen hektischen und übertechnisierten Welt hat gerade die Orgel die magische Macht, in uns die tiefsten Sphären des Seins anzusprechen, uns zu Ruhe, Sammlung und Meditation zu bringen. (Walter 2004, S. 27)

Wie kommt es zu solchen Bedeutungszumessungen? Wie kam es dazu, dass gerade die Orgel zum typischen Kircheninstrument wurde? Und nicht zuletzt: Wie wirkt die Orgel auf die Psyche des Menschen? Die folgen-

Johann Sebastian Bach, Toccata und Fugue in D minor, BWV 565,
Beginn der ältesten überlieferten Abschrift von Johannes Ringk
(nach 1750), Staatsbibliothek Berlin (www.wikimedia.org)

Im Gedicht ‚Orgelspiel' ist natürlich nicht bloß
… die natürliche Orgel gemeint, sondern sie
ist Symbol für die in vielen Generationen auf-
gebaute „geistige" Kultur und Geistesmoral.

Sie erinnert an das Licht, an die Idee der Ordnung, der Harmonie, des ‚Sinnes' im Chaos.
Und auch wenn das Spiel des alten Meisters
im Lauf der Zeit von immer weniger Jungen
gehört und verstanden wird und in höheren
Sphären zu verschweben scheint, geschieht
es doch – in überraschender Berührung zu
den Prostituierten im Amsterdamer Rotlicht-
viertel:

Manchmal aber bleibt ein Mensch beim Dome
Lauschend stehen, öffnet sacht die Pforte,
Horcht entrückt dem fernen Silberstrome …

Das Gedicht endet mit den Worten:

Und so fließt im unterirdisch Dunkeln
Ewig fort der heilige Strom, es funkeln
Aus der Tiefe manchmal seine Töne;
Wer sie hört, spürt ein Geheimnis walten,
Sieht es fliehen, wünscht es festzuhalten,
Brennt vor Heimweh. Denn er ahnt das
Schöne.

Die Faszination des Orgelspiels kann sich aufgrund unterschiedlichster Erfahrungen ergeben. Für Hesse (wie auch bei Irving!) ist Bachs
Toccata und Fuge in d-Moll ein besonderes
Erlebnis, 1935 beschworen in seinem Gedicht
Zu einer Toccata von Bach, die sich für Hesse
mit der Weltschöpfung, speziell dem Moment
des Lichtwerdens verbindet.

Dem zur Seite gestellt seien exemplarisch
weitere Kompositionen: die Trias von Bachs
Spätwerken *Präludium und Fuge e-Moll, h-Moll*
und Es-Dur – nicht nur wegen der höchst komplexen theologischen Bezüge, sondern hinrei-
ßend in ihrer harmonischen, rhythmischen und
polyphonen Diktion; die Sonate nach dem 94.
Psalm des früh verstorbenen Liszt-Schülers
Julius Reubke mit ihrer rauschhaft monumen-
talen Klanglichkeit zum Abschluss des ersten
Teils der Fuge und insbesondere im Schluss-

den Überlegungen versuchen, solchen Fragen
nachzugehen. Ausgangspunkt sei ein Gedicht
von Hermann Hesse, *Orgelspiel*, beginnend
mit den Worten:

Seufzend durchs Gewölbe zieht,
und wieder dröhnend,
Orgelspiel. Andächtige Gläubige hören,
Wie vielstimmig in verschlungenen Chören,
Sehnsucht, Trauer, Engelsfreude tönend,
Sich Musik aufbaut zu geistigen Räumen,
Sich verloren wiegt in seligen Träumen,
[…]
Bis es scheint, es sei die Welt durchlichtet,
Ein Kristall, in dessen klaren Netzen
Hundertfach nach reinlichsten Gesetzen
Gottes lichter Geist sich selber dichtet.

Organist ist jener „alte Meister", ein Archetyp
des „Alten Weisen" als Symbol des Geistes
– im Gegenüber zum nationalsozialistischen
Ungeist, wie auch das Glasperlenspiel zu verstehen ist, in dessen Umfeld das Gedicht gehört. Solches Orgelspiel verkörpert jene zeitlose „musica mundana", in der sich kosmische
Maßverhältnisse spiegeln.

Hesse schreibt zum Gedicht an einen
Neffen:

teil; die *Litanies* von Jehan Alain mit ihrer suggestiv wiederholten Klang- und Melodieformel, die sich dramatisch steigert bis zu den ekstatischen Akkordfolgen des Schlussteils – und schließlich Olivier Messiaens theologisch beziehungsreiches *Dieux parmi nous*" besonders in der Schlussapotheose mit ihren kraftvollen rhythmischen Passagen. Doch nicht weniger berührend die ganz nach innen führenden leisen Töne – Bachs Choralbearbeitung von *Schmücke dich, o liebe Seele* mit ihren Verzierungen, die schon Mendelssohn zu Tränen rührte, oder sein Orgelchoral *O Mensch, bewein dein Sünde groß* mit der ins „adagissimo" gesteigerten harmonisch abgrundtiefen und zugleich überirdischen Phrase „…wohl an dem Kreuze lange."

Solches Musikerleben samt seinen seelischen Wirkungsweisen ist allerdings abhängig von den Hör- und Verstehenskonventionen einer Zeit. Die Erlebnisfähigkeit des Menschen ist dem Wandel der Zeiten und Kulturen unterworfen. Auch ist zu unterscheiden zwischen einem aktiv-synthetischen Hören der „Kenner", das an der Wahrnehmung der Struktur eines Stückes ausgerichtet ist, und einem eher passiv-emotionalen durch die Romantik geprägten, bei dem sich die Seele dem Strom der Empfindungen hingibt.

Allerdings ist die Zuordnung eines Hörtyps zu einer bestimmten Epoche schwierig. Bildliche Überlieferungen aus der Antike zeigen z. B., wie sich auch da offensichtlich Menschen ganz ins Innere der Musik hineinversetzen. Die Geschichte des Musikhörens im Wandel der Zeiten tut sich noch schwer, insbesondere über die Zeit vor 1750 verallgemeinernde Aussagen zu machen.

So unterschiedlich die Versuche einer Typologie des Hörers und des Hörens sein mögen: Unter den „Grundbestimmungen des Hörens" (H. Lachenmann) ist für die Wahrnehmung von Orgelmusik die Aura von besonderer Bedeutung. So vermittelt der Klang der Orgel eine kirchliche, religiöse Aura, und seit der Romantik gilt die Orgel als ein Symbol des Sakralen. Wie konnte es dazu kommen, wo doch einst die Orgel in der Antike in einem völlig anderen Kontext stand und auch in der christlich-liturgischen Tradition lange völlig andere Funktionen hatte als heute?

Die Orgel hat ihre Wurzel im antiken „Hydraulos", einer im dritten Jahrhundert v. Chr. von Griechen erfundenen Pfeifenreihe auf einem hydraulisch versorgten Windkasten. Die Römer importierten das Instrument und entwickelten es weiter: Es diente vor allem imperialer Klangentfaltung im Zirkus und Theater, fand sich jedoch auch in den Häusern der Reichen und galt als Luxusgut.

Für die Kirche der ersten Jahrhunderte kam die Verwendung eines solch „heidnischen" Instruments nicht infrage. In der Zeit der Völkerwanderung überlebte die Orgel am Hof von By-

Orgel in Notre Dame Paris (www.wikimedia.org)

musik

zanz, ebenfalls als Symbol kaiserlicher Prachtentfaltung. Inzwischen hatte sich der Typ einer mit Windbälgen betriebenen Orgel („organum pneumaticum") durchgesetzt.

In den Westen kam die byzantinische Orgel erstmals im Jahr 757 durch Schenkung an den fränkischen König Pippin den Kleinen – damit sollte politische Unterstützung gewonnen werden. Erstmals wurde dann 826 eine Orgel für Ludwig den Frommen gebaut. Dies geschah durch einen Priester aus Venedig – praktisch hatten damals nur Kleriker die dafür nötigen Kenntnisse. Doch was zur Mehrung des königlichen Ruhmes dienen sollte, durfte dann schließlich auch zur Ehre Gottes dienen. So sind bis zum Jahr 1000 fast an allen Bischofskirchen Orgeln zu finden, und – nach mancherlei technischen Verbesserungen – bis zum 15. Jahrhundert besaßen auch die größeren Stadtkirchen eine Orgel.

Auf dem Hintergrund dieser Geschichte kann die These aufgestellt werden: Wie das römische Reich bei den Karolingern eine Renaissance erlebte, beerbte auch die Kirche das Imperium zur Steigerung des eigenen Machtanspruchs: Wie sie einst die kaiserliche Bauform der Basilika übernommen hatte, geschah dies nun im frühen Mittelalter mit der Orgel – die so geradezu als Kaiser der Instrumente gelten könnte.

Der Komponist Hans Zender problematisiert noch in unserer Zeit das triumphale Getöse der Orgel, und auch der Gottesdienstbesucher mag sich manchmal fragen, ob es sich da um „Gottes heiligen Lärm" oder um eine Machtdemonstration des Organisten handelt. Auch die Anlehnung mancher Orgelprospektgestaltung an Tempelfassaden stammt nicht von ungefähr, ihre Pracht und Größe will Bewunderung und Aufmerksamkeit auf sich ziehen. Aber schon der Schwiegersohn von J. S. Bach, J. Ch. Altnikol, hat durchaus unterschieden:

Man muss aber auch ein angenehmes Schrecken fühlen ... wenn die etlich und fünfzig Register ... mit einem so gewaltigen Schalle ertönen, dass ... man fast denken sollte, als wenn es ein Krachen von rollendem Donner wäre.

Zugleich spricht er davon, dass die Lieblichkeit der Register so einnehmend sei, dass man kaum glauben kann, dass ein unbelebtes Holz oder Zinn solch zärtliche Töne hervorzubringen könnten.

Auch die Reformbewegung des Orgelbaus im letzten Jahrhundert wendet sich gegen einen überbordenden Monumentalismus der Gründerzeit und führt mit spröden, herben und scharfen Klängen in ganz andere Sphären. So kann inzwischen gelten: Wie vielfältig die Sprache des Glaubens und das Empfinden der Menschen überhaupt sind, in solch verschiedener Weise kann auch die Orgel erklingen und gedeutet werden.

Die Orgel als Symbol des Sakralen – man kann dafür historische, systematische und liturgische Gesichtspunkte nennen. Sie stellt mit ihrer Stimmenvielfalt so etwas wie ein Klanguniversum dar – man denke nur an Robert Schneiders Roman *Schlafes Bruder*. Sie vermag alle nur denkbaren Gefühlswelten zu evozieren und zugleich zu transzendieren hin zum Absoluten und Unendlichen. Ihre Heimat hat sie jedoch vor allem in der Liturgie gewonnen, wenn auch in höchst unterschiedlichen Rollen: Diente sie noch bis zum Ausgang des Mittelalters der Übertragung vokaler Musik, so gewann sie seit Mitte des 17. Jahrhunderts.

Nicht zuletzt durch die Dezimierung der Chöre in Folge des 30jährigen Krieges übernahm die Orgel schließlich die Begleitung des Gemeindegesangs. So wurden bis zur ersten Hälfte des 18. Jahrhunderts auch die Dorfkirchen mit bescheidenen Instrumenten versehen. Zwar verkümmerte das einst imperiale Prachtinstrument zeitweise gar zum trivialen Stimmungsgeber bei Trauungen etwa mit Wagners Brautchor aus *Lohengrin*. Und doch wird die Orgel Zukunft haben.

Landauf landab findet sie ihr Publikum, nicht nur als Lückenbüßerin im musikalischen Sommerloch. Beispiel: Orgelkonzert in der gotischen Hallenkirche samt Lichtinstallation mit über 300 Besuchern, dazu eine Szene hochrangiger Künstler aus dem In- und Ausland. Und so spannt sich die Funktionsbreite der

Orgel vom schlichten Gebrauchsinstrument bis hin zum Symbol der Transzendenz.

Als solches kann die Orgel durchaus auch therapeutische Qualitäten gewinnen. Dazu sei zum Schluss auf ein bei C. G. Jung beschriebenes Beispiel verwiesen. Da heißt es:

Ich stehe auf dem Balkon meines Hotelzimmers in Tiberias, blicke in den Morgendunst über dem See Genezareth… Es ist ganz still, entfernt höre ich leise Orgelklänge. Plötzlich verzieht sich der Dunst, die Sonne bescheint den See, und erste kleine Wellen werden größer und fließen ineinander. Ich staune, denn die Orgelklänge kommen näher. Ich höre die a-Moll-Fuge von Bach, und die Wellen bewegen sich im Takt dazu. Auf den Wellen sind lauter kleine Augen. Es ist so überwältigend für mich, dass ich beginne zu weinen und „danke" sage und erwache mit den Worten: „Es wird sich alles fügen.

Die fallenden Tonreihen der Fuge symbolisieren die Hinfälligkeit des Lebens, die aufsteigende Schlussfigur dagegen das Aufgehobenwerden durch Gottes Hand. So betrachtet ist die Orgel viel mehr als Gottes heiliger Lärm, sondern kann auf Grund und Mitte allen Lebens verweisen: göttlichen Lebensatem und Geist des Lebens. Nicht nur im Spiel mit Glasperlen, sondern mit jenen Tönen, die den Menschen schließlich zu heiterer Gelassenheit führen: Weit hinaus über ein nur auf sich selbst bezogenes Denken, das sich in immer neuen Machtdemonstrationen meint beweisen zu müssen, sondern hin zu einem Frieden als Vorschein einer kommenden Welt.

Literatur
Bretschneider, W. (1992): Die Orgel als ein sakrales Kunstwerk und ihre Bedeutung für die Liturgie. www.amt-fuer-kirchenmusik.de
Finscher, L. (Hg.) (1994 ff.): Die Musik in Geschichte und Gegenwart. Kassel
Hesse, H. (1978): Musik. Betrachtungen, Gedichte, Rezensionen und Briefe. Frankfurt/M.
Kaufmann, Michael G. (1998): Anachronismus Orgel. www.orgelexperte.de
Röhring, K. (2008): Das spekulative Ohr. Musik und Kirche 5/2008. Kassel
Schildmann, W. (2011): Orgel. www.symbolonline.de
Schneider, Christian I. (2002): Hermann Hesses Musikbegriff aufgrund seines Musikgedichts Orgelspiel. hermann-hesse-forum.blog.de
Walter, M. (2004): Mein Lieblingsinstrument, die Orgel. Ostfildern

Johannes Dürr
Pfarrer i. R., Tübingen, geb. 1946, Studium der Kirchenmusik in Esslingen sowie der Theologie in Tübingen, Göttingen und Mainz, 1976-1981 Musikrepetent am Evang. Stift Tübingen, Gemeindepfarrer in Burladingen, Esslingen und Ditzingen

Die Aussage von Musik sollte keine andere sein, als die Herrlichkeit von Gott und die Wiedergeburt der Seele.

Johann Sebastian Bach

musik

Die Zauberflöte

In diesen heil'gen Hallen...

4. Der „Große Vater"

Sarastro symbolisiert das Logos- und Geist-prinzip. Er bemüht sich zusammen mit seinen Priestern in seinem mit Mauern befestigten Tempel nach hohen Tugenden und Idealen zu leben. Es geht ihm um Wahrhaftigkeit, Gerechtigkeit, Güte und höhere Erkenntnis. Mit dem weiblichen Prinzip – der Königin der Nacht – steht er in feindlicher Beziehung. Mit ihm verbindet er Aberglaube, Täuschung, Lüge, Verwirrung und Verstrickung. Er ist überzeugt:

Ein Mann muss Eure Herzen leiten, denn ohne ihn pflegt jedes Weib aus seinem Wirkungskreis zu schreiten.

Die Oper zeigt aber, dass sowohl die Königin der Nacht als auch Sarastro ihre deutlichen unbewussten Schattenseiten haben, beide ihre einseitige weibliche oder männliche Bewusstseinshaltung für absolut halten und es daher zu keiner Einigung zwischen beiden kommt. Zwar deutet sich bereits in der Wahl des mittleren

Ulrik Cold als Sarastro in der vielbeachteten kongenialen Filminszenierung der Zauberflöte von Ingmar Bergman (1975).

Bergman gibt dem Geschehen einen modern-familiären Anstrich, indem er Sarastro zum Vater von Pamina umdeutet. Die Königin der Nacht und Sarastro sind ein getrennt lebendes Paar, das gewissermaßen um das Sorgerecht für die gemeinsame Tochter Pamina streitet.

Auch wenn Bergman auf eine allzu vordergründige freimaurerische Symbolik verzichtet, bleibt diese in Allem deutlich spürbar. Dadurch aber, dass die Königin der Nacht am Ende nicht „in ewige Nacht" gestürzt wird, erscheint seine Inszenierung psychologisch noch stimmiger als das Originallibretto und sogar hoffnungsvoll zukunftsträchtig.

Tempeleingangs „Weisheit", zwischen Natur und Vernunft gelegen, an, dass der Einweihungsweg auf eine Integration und Synthese weiblicher und männlicher Werte, auf Körper und Geist, Emotion und Vernunft, unbewusst und bewusst, auf „Herz" und „Kopf" hinausläuft, aber die konkrete Realisierung ist noch nicht wirklich gelungen. Die Mauern des Tempelbaus von Sarastro in ihrem Abwehrcharakter sind noch zu dick. Das entspricht - vgl. Neumann - einer Phase in der patriarchalen Bewusstseinsentwicklung, in der das Bewusstseinssystem des Einzelnen oder auch der Gesellschaft noch nicht so gefestigt und stabilisiert ist, dass es mit den Affekten, Trieben und den Energien des Unbewussten konstruktiv und kreativ umzugehen vermag, sondern diese abzuspalten versucht und auf Äußeres projiziert.

Die Überwindung dieser alten matriarchal-patriarchalen Strukturen und Bewusstseinshaltungen wird aber möglich – und das ist sicher eines der für unsere Zeit immer noch revolutionären Motive der Zauberflöte! Sie erfordert nicht nur die gegenseitige Anerkennung der weiblichen und männlichen Prinzipien, sondern deren schöpferisches Zusammenspiel im Geiste der Liebe und der Arbeit für die Entwicklung der Menschheit. Es macht eben das ganz Besondere und Zukunftsweisende der Oper aus, dass dieser Reifungsweg nicht nur von einer Person begangen wird, sondern von Mann und Frau, erst getrennt voneinander und schließlich gemeinsam. Die Beziehungsdimension spielt damit eine zentrale Rolle.

Erfahrungen mit der Orgelmusik von Johann Sebastian Bach

Karl-Josef Kuschel

Ich bin kein Experte in Sachen Bach'scher Musik, ein Musikwissenschaftler schon gar nicht. Wohl aber war und bin ich ein leidenschaftlicher Hörer gerade auch der Bach'schen Orgelmusik. Man hat mich gebeten, aufzuschreiben, was ich höre und erlebe, wenn diese Musik erklingt. Gedanken zu Bachs Musik, Erfahrungen beim Hören: Darum geht es. Um nicht mehr und um nicht um weniger.

Schon oft ist es mir wie heute Abend ergangen. Ich sitze still irgendwo in einer Kirche und lasse mich von Orgelmusik umfließen, oft genug auch von der Johann Sebastian Bachs. Toccaten und Fugen in allen Varianten. Ich schließe die Augen und lasse mich umspülen vom Fluss der Töne und Klänge. Lasse mich mitnehmen.

Schematisierte Darstellung der Rosette der Westfassade ds des Straßburger Münsters (www.wikimedia.org)

Klangräume bauen sich auf, mal tiefe dunkle Bässe, mal silbrig helle Obertöne. Sie scheinen aus verborgenen Tiefen zu kommen und sich in kosmische Dimensionen zu steigern. Rhythmen, Akkorde, Sequenzen, mal gewaltig aufbrausend, mal leise zurückgenommen. Kleinste Strukturen und gewaltige Dimensionen zugleich. Das ganze Stimmungsspektrum? Es scheint wie ausgemessen mit seinen Tiefen und seinen Höhen.

Ich kann mich satt nicht hören. Bin jedes Mal wie gebannt. Da können Klänge wie aus einem Urgrund heraus sich aufwühlen, um dann wieder in rasantem Wechsel als spitz-helle Melodien wie in unendliche Fernen zu verschweben. Bach, der Ausmesser der Klangwelten, für den es nichts zu geben scheint, was sich nicht in Tönen ausdrücken lässt: das Dunkel-Schwarze und das Durchsichtig-Helle, das Kraftvoll-Mächtige und das Zerbrechlich-Zarte, das Drängend-Rasende und das Zugenommen-Langsame. Toccata und Fuge in d-Moll zum Beispiel: Töne zuerst wie zuckende Blitze und anschließend wie Wasserstürze. Genesis und Apokalypse, Keime und Kosmos, immer alles verknüpft. Immer ist alles im selben Stück zu hören in dieser einzigartigen Welt aus Klang.

Wie gerne würde ich sprachlich genauer ausdrücken können, was ich höre. Toccata und Fuge F-Dur zum Beispiel. Doch wie ohnmächtig ist die Sprache gegenüber der Komplexität der Tonkunst, die aber zugleich auf die Wortkunst angewiesen ist, will man verstehen, was man hört und anderen mitteilen, was man erfährt, flüchtig, wie die Musik nun einmal ist, im Moment des Hörens. Aber keine Komposition, keine Tonfolge ist in Sprache übersetzbar. Selbst die Größten unter den Wortkünstlern sind daran gescheitert.

Gewiss: Was Tolstoi zum Violinspiel in Beethovens *Kreutzersonate* (op. 47) in seiner gleichnamigen Erzählung zu sagen hat, ist tief und mitreißend zugleich. Und die gut fünf Druckseiten, die Thomas Mann im „Doktor Faustus" dem Musiklehrer Wendel Kretschmer über Beethovens *Klaviersonate c-Moll op. 111* sagen lässt, ist brillant: Warum kein dritter Satz bei diesem einzigartigen Stück des späten Beethoven? Aber was ist die tiefste und brillanteste Prosa gegen das Hörerlebnis der Musik selber? Sprache in ihrer Ohnmacht, Grenzen der Sprachlichkeit.

Es sind kostbare Momente, wenn ich Bach'sche Orgelmusik höre. Sie lassen mich für Minuten vergessen, woher ich komme, wohin ich gehe, was mich gerade beschäftigt, was mich bedrückt oder belastet. Unterbrechungserfahrungen werden möglich, seltene Momente der Aufhebung von Erdenschwere. Alles im Raum scheint zu schweben, scheint leicht, scheint durchsichtig geworden. Mein Herz: wie geöffnet für etwas Großes, Mitreißendes und zugleich für stille Einkehr, für Nachdenklichkeit und Dankbarkeit, und sei es nur die Dankbarkeit für gesunde Ohren, die mich diese Tonlandschaften wahrnehmen lassen, für diese Momente unerwarteter Selbstvergessenheit.

Ich habe nicht immer so gehört. Vieles früher war nur flüchtiger Konsum. Oberflächlich verspieltes Hinhören, mehr Hintergrund, mehr Ablenkung und Entspannung. Oder das Kulturpathos: kein Ostern ohne *Matthäus-Passion*, ohne *O Haupt voll Blut und Wunden*. Kein Weihnachten ohne das entsprechende Bach-Werk zum Fest, ohne *Jauchzet, frohlocket*.

Auch ich habe mit Bach ungezählte Male „an der Krippe" gestanden und war gerührt vom entsprechenden Choral: *Ich steh an Deiner Krippe hier, o Jesulein, mein Leben*. Ja, Jesulein! Zwar war mir die Sprache vieler Texte der Oratorien fremd, diese barocke Christus-Intimität, diese Mystik, die sich mit dem Leiden und den Wunden des Gekreuzigten identifiziert. Fremd, sehr fremd. Der Abstand von 300 Jahren zur Bach'schen Welt und seiner Frömmigkeit ist hier wohl am deutlichsten. Aber die Texte waren ja kaum noch zu hören, so hatte die hinreißende, zum Teil ergreifende Musik sie übertönt. Und Musik war Kunstgenuss geworden, mehr als Kunst-Verständnis.

Zwei Lese-Erfahrungen ließen mich Bach anders hören. Davon will ich kurz erzählen. Die eine hat mit der Lektüre eines Romans zu tun. Er handelt von einem Jungen, der in eine schwere Lebenskrise geraten ist. In der heilen Welt seiner bürgerlichen Familie war er aufgewachsen, in einer klaren Ordnung von Erlaubt und Verboten, Sünde und Tugend, Gut und Böse.

Da kommt es zum Bruch, weil der Junge bei einer Lüge über eine angebliche Heldentat erwischt wird, die er nicht zugeben kann, die ihn jetzt aber in gnadenlose Abhängigkeit von einem bösartigen Erpresser bringt, einem Schüler aus derselben Klasse. Eine Lügenspirale setzt sich in Gang, wird zur Falle. Seine gut geordnete Welt? Auf einmal ist sie zerbrochen. Was vorher undenkbar war, ist passiert: Der Junge ist in die Welt der Sünde, der Schuld und des Bösen geraten. Kennengelernt hat er jetzt das Dunkle, Unheimliche, Triebhafte, ja Teuflische im Leben.

Er wäre daran zerbrochen, hätte ihm nicht ein anderer Mitschüler einen Weg gewiesen, wie er das Negative nicht länger leugnen und abspalten muss, sondern integrieren kann – als eine Möglichkeit zu einem erwachsenen Menschsein. Er bietet ihm ein radikal anderes Gottessymbol. Nicht das dualistische der bürgerlichen Moral (Gut gegen Böse), sondern eines, das ihm erlaubt, das Gespaltene zu überwinden durch Annahme auch des Dunklen in sich. Auf einmal geben ihm seine Träume entsprechende Signale: Bilder von „Wonne und Grauen" waren aufgestiegen, von „Mann und Weib gemischt, Heiligstes und Grässliches ineinander verflochten, tiefe Schuld durch zarteste Unschuld zuckend" (Hesse 1974, S. 112). Die Rede ist von einem Schlüsselroman Hermann Hesses aus seiner Krisenzeit während des ersten Weltkriegs: *Demian*, 1919 erschienen.

Das Buch ist mir in unserem Zusammenhang wichtig, weil Hesse seinen jungen Helden, Sinclair, nach der Entdeckung des neuen Gottessymbols bei einer kleinen Vorstadtkirche Halt machen lässt. Denn aus dieser Kirche tönt bis auf die Gasse hinaus Musik aus einer Orgel, darunter Stücke von Johann Sebastian Bach, gespielt von einem Mann namens Pistorius, wie der Junge später erfährt. Dieser aber spielt nicht irgendwie, sondern „wunderlich"; das fällt dem Lauscher sofort auf. Er spielt „mit einem eigentümlichen, höchst persönlichen Ausdruck von Willen und Beharrlichkeit". Sinclair hat das Gefühl: Der Mann wisse in dieser Musik einen Schatz verschlossen, und er werbe und poche und mühe sich „um diesen Schatz wie um sein Leben" (ebd. S. 115).

Lichtblick, Foto: Aah-Yeah (www.fickr.com)

Ja, alles, was dieser Mann in der Einsamkeit der kleinen Kirche, in Zwiesprache allein mit der Orgel, spielt, alles, so kommt es dem Hörer vor, ist ganz und gar „gläubig", ist „hingegeben und fromm, aber nicht fromm wie die Kirchgänger und Pastoren, sondern fromm wie die Pilger und Bettler im Mittelalter, fromm mit rücksichtsloser Hingabe an ein Weltgefühl, das über allen Bekenntnissen" steht. Und dieses Orgelspiel, ob Bach oder andere, erzeugte alles zugleich: *Sehnsucht, innigstes Ergreifen der Welt und wildestes Sich-wieder-Scheiden von ihr, brennendes Lauschen auf die eigene dunkle Seele, Rausch der Hingabe und tiefe Neugierde auf das Wunderbare.* (ebd. S. 116).

Mit einem Wort: Hesses Held erlebt in der Orgelmusik den Zusammenklang der Gegensätze, die Aufhebung der Spaltung, die Fähigkeit zur Integration des Dunklen und des Hellen, des Abgründigen und Geborgenen. Diese Musik ist Schrei und Stille, Trotz und Trost, Protest und Ergebung, aufwühlender Sturm und leise Besänftigung, zuckende Unruhe und stille Meditation. Und immer alles zugleich. Polarität statt Spaltung, Komplementarität statt Konflikt. Eine „unbedingte Musik", bei der man – so wörtlich – „spürt, dass da ein Mensch an Himmel und Hölle rüttelt."

Und wir verstehen jetzt auch, warum Hesse den jungen Sinclair bei einer Begegnung mit Pistorius sagen lassen kann: *Die Musik ist mir sehr lieb, ich glaube, weil sie so wenig moralisch ist. Alles andere ist moralisch, und ich suche etwas, was nicht so ist. Ich habe unter dem Moralischen immer bloß gelitten* (ebd. S. 118).

Seit ich diese Szene in Hesses „Demian" kenne, höre ich die Bach'sche Orgelmusik anders, schärfer, genauer, wacher. Wie Hesses Sinclair erlebe auch ich, dass mit dieser Tonsprache, einem Sehnsuchts-Gebet gleich, ein Mensch in der Tat „an Himmel und Hölle rüttelt", zu rütteln scheint. Ja, auch an den Pforten der Hölle. Wie könnte es eine Ruhe in Gott geben um den Preis der Höllenverdrängung? Erlösung für einen selbst, solange Andere den

*Die Musik von Johann Sebastian Bach
kommt aus der gleichen Urkraft,
aus welcher die Schöpfung entstanden ist.
Auf derselben Kraft gründet auch Bachs Religiosität.*

Paul Schibler, Schweizer Aphoristiker

Qualen der Hölle ausgesetzt wären? Der Himmel ist kein Refugium für Rücksichtslose.

Auch ich erlebe, dass diese Musik mir ungeschminkt und ohne moralische Zensur vom Leben mit seinen Ambivalenzen und Zwiespältigkeiten erzählt: vom Niedrigsten und vom Höchsten, vom Dunkelsten und vom Hellsten, vom Abgrund der Welt und der Sehnsucht nach Harmonie. Aber niemals als Betäubung oder Aufpeitschung von Emotionen. Alles so, dass es noch Form bleibt, Gesetz, gebannt und gestaltet zugleich.

Diese Musik macht mich frei von Denkschemata und fixen moralischen Urteilen. Stattdessen lehrt sie mich zuhören und zu integrieren, was ich gerne abspalte und verdränge. Aufhebung der Erdenschwere als Gewinn innerer Freiheit, als Ahnung einer Existenz unendlicher Räume, die meine Kleingeistigkeit und Kleingläubigkeit unterläuft. Als krummes Holz betritt man den Klangraum dieser Welt und geht mit aufrechtem Gang davon.

Aber nicht nur im moralischen, sondern auch im politischen-gesellschaftlichen Sinn. Diese Einsicht verdanke ich einem anderen literarischen Text. Ich finde ihn in dem Prosabändchen, das seinen Autor, Reiner Kunze, mit einem Schlag einer literarischen Öffentlichkeit in Deutschland bekannt macht, als es 1976 im Westen erscheint und die DDR diesen Poeten daraufhin derart unter Druck setzt, dass er 1977 diesen Staat verlässt. Der Titel des Buches *Die wunderbaren Jahre* ist dementsprechend von bitterer Ironie, denn es geht in den kurzen Texten

vor allem um Schikanen im Alltag von Menschen, um Bevormundungen durch Behörden, um Überwachung und Kontrolle, um Funktionärsgebaren. Beschrieben wird ein Klima aus Repression und Angst, nachdem alle Unangepasstheit von der totalitär herrschenden Partei als Bedrohung empfunden und auf Abweichen von der staatlich verordneten Linie mit Druck, ja mit Verbot und Gewalt reagiert wird.

Insbesondere alles, was in den Bereich von Religion und Kirche fällt, zieht das Misstrauen der Herrschenden auf sich, so auch das Orgelkonzert in einer örtlichen Kirche, das immer mittwochs abends stattfindet. Obwohl die Schulbehörde den Besuch unterbinden will, Lehrer die Schüler noch am Kirchenportal abzufangen versuchen, Eltern Druck ausüben, reichen bald die Sitzplätze in der Kirche nicht mehr aus. Warum? Warum kommen gerade auch junge Menschen zu dieser Musik in diesen Raum?

Hier müssen sie nicht sagen, was sie denken, so beginnt das kleine Kapitel *Orgelkonzert (Toccata und Fuge). Hier umfängt sie das Nichtalltägliche, und sie müssen mit keinem Kompromiss dafür zahlen; nicht einmal mit dem Ablegen der Jeans. Hier ist der Ruhepunkt der Woche. Sie sind sich einig im Hiersein. Hier herrscht die Orgel.* (S. 76)

Und dann folgt eine Vision von wahrhaft erschütterndem Ausmaß: Orgelherrschaft – freigesetzt! Was wäre, wenn? Was wäre, wenn auf einmal alle Orgeln, aus allen Himmelsrichtungen, unter welchem Dach auch immer, auch die von Bach gespielten, plötzlich zu tönen begönnen und die Lügen, von denen die Luft schon derart gesättigt ist, dass der um Ehrlichkeit Bemühte kaum noch atmen kann, hinwegfegten, hinwegdröhnten all den Terror im Geiste ... Wenigstens ein einziges Mal, wenigstens für einen Mittwochabend? (Vgl. S. 80)

Bedenken wir noch einmal die Schlüsselworte: ein Orgelkonzert als „Ruhepunkt der Woche". Menschen werden einig im Hiersein. Die Musik kann reinigen, indem sie „Lügen hinwegfegt", den „Terror im Geiste" hinwegdröhnt. Das Orgelkonzert in einer Kirche? Im Kontext eines politisch totalitären Systems ist es ein Raum der Freiheit, weil der die Menschen, solange sie zuhören, nicht zwingt, verordnete Gedanken zu denken, verordnete Rituale abzuspulen und zu Claqueuren eines Systems zu werden, das sie innerlich ablehnen. Das Orgelkonzert ist die nichttotalisierte Leerstelle in dieser verzweckten, durchkontrollierten, überwachten Gesellschaft. Die Musik Bachs? Sie wird zum Ausdrucks- und Rückzugsraum unverwalteter, unverzweckter Menschlichkeit.

Ich selber habe glücklicherweise nie unter DDR-Verhältnissen leben müssen, aber das verfügte, genormte, angepasste und so oft fremdbestimmte Leben kenne auch ich. Das Leben unter einer anderen Art von Druck als das politische: das Funktionieren- und Leisten-Müssen, die Anerkennung über Leistungsnachweise. Du bist etwas, weil Du etwas geleistet hast.

Im regulierten Leben aber ist das Hören-Dürfen der Bach'schen Orgelmusik die Kontrasterfahrung schlechthin: eine Erfahrung des Unverfügten, Unverzweckten, Unkontrollierten. Hier sagt niemand „Du musst". Du bist um Deiner selbst willen hier. Und die Bach'sche Musik ist um ihrer selbst willen schön. Kostbare Momente der Selbstentlastung und Selbstbesinnung setzt sie frei. Sie erlaubt das Hier-Sein, absichtslos, ungeplant, unverzweckt. Diese Musik zwingt mich zu nichts und drängt sich nicht auf. Sie verlangt keine Voraussetzungen und keine Zustimmung. Sie lädt ein und öffnet die Sinne ohne alles Ziel, ohne Zweck, ohne Plan, eben: ohne ein „Du musst". Ein Ruhepunkt der Woche in der Tat in einem oft hektischen, verfügten, verplanten Leben.

So erlebe ich gerade durch die sinnliche Wahrnehmung der Ton-Kunst Johann Sebastian Bachs Möglichkeiten des Nachdenkens über das Banale und Alltägliche hinaus. Unterbrechungserfahrungen werden möglich, ich sagte es. Für mich sind sie Erfahrungen des Transzendierens, das heißt: der Selbstüberschreitung des eigenen, oft engen und begrenzten Horizonts. Und diese Erfahrungen der Selbstüberschreitung lassen mich in verdichteten Momenten auch etwas ahnen vom Geheimnis des Transzendenten, von dem ich mich umgeben fühle und dessen „Code" ich zu entschlüsseln suche.

Der Lektüre des Buches *Die Matthäuspassion* des Philosophen Hans Blumenberg verdanke ich den Hinweis auf ein schon 1937 erschienenes Aphorismen-Bändchen des rumänischen Schriftstellers Emilie Michel Cioran, das 1988 in deutscher Übersetzung unter dem Titel *Von Tränen und von Heiligen* erschien.

Cioran, scharfzüngiger Religionskritiker, den Biografen als „radikalen Skeptiker" und „Ketzer" beschreiben, reflektiert an einer Stelle seines Büchleins ganz überraschend Erfahrungen mit der Musik Johann Sebastian Bachs, eine Stelle, die mich angerührt und nachdenklich gemacht hat. Cioran schreibt:

Wenn wir Bach hören sehen wir Gott aufkeimen, sein Werk ist gottheitgebärend. Nach einem Oratorium, einer Kantate oder einer Passion muss er existierten. Sonst wäre das ganze Werk des Kantors eine zerreißende Illusion ... Wenn man bedenkt, dass so viele Theologen und Philosophen Tag und Nächte damit verloren haben, nach Gottesbeweisen zu suchen, und den eigentlichen vergessen haben ... (S. 41f.).

Ich selber formuliere vorsichtiger. Ich spreche nicht von Gotteserfahrungen durch Kunst, schon gar nicht von Gottesbeweisen, auch nicht ironisch wie Cioran. Das wäre anmaßend. Ich spreche vom „Ahnen" einer Geheimnishaftigkeit meines Lebens, von Spuren der Transzendenz, von freigesetzter Sehnsucht nach Harmonie und Vollendung. Ich halte mich an ein Wort von Hermann Hesse zur Bach'schen Musik. Ich finde es in einem Brief, der 14 Jahre nach dem „Demian" geschrieben wurde. Auf den Bach'schen Choral *Ach bleib bei uns* Bezug nehmend schreibt Hesse im Juli 1933:

Es ist jetzt schwer, zu leben, sehr schwer, aber diese Musik ist ewig, wir haben teil an ihr, sie geht durch uns durch, und wenn die übrige Luft auf Erden kaum mehr zu atmen ist und so beengend nach Zyankali schmeckt, dann zieht unsere Seele immer noch aus Sachen wie diesem Choral ihre liebe Nahrung. Diese Musik ist Tao. Auch das nämlich ist eine der 1000 Erscheinungsformen des Tao: die vollkommene Form, die den ,Inhalt' verschluckt und aufgelöst hat und in sich selber schwebend nur noch atmet und schön ist. Man wünscht ... so sich hinzugeben und dem Schweren zu entschweben und mit dem Einen eins zu werden.

Hesse 1986, S. 158

Literatur

Blumenberg, H (1988). Die Matthäuspassion. Frankfurt/M.
Cioran, E. M. (1988); Von Tränen und Heiligen. Frankfurt/M.
Hesse, H, (1974): Demian. Frankfurt/M.
Hesse, H. (1986): Musik. hrsg. v. V. Michels. Frankfurt/M
Kunze, R. (1976): Die wunderbaren Jahre. Frankfurt/M

Der vorliegende Aufsatz stammt aus einem Wortbeitrag am 30. April 2014 zur Reihe „Bach: Das Orgelwerk", Tübingen, Stiftskirche

Karl-Josef Kuschel
Prof. em. Dr. Karl-Josef Kuschel. Prof. für Theologie der Kultur und des interreligiösen Dialogs an der Fakultät für Kath. Theologie der Universität Tübingen. Ehem. Ko-Direktor des Instituts für ökumenische und interreligiöse Forschung der Universität Tübingen

Für Bach war alles in der Musik Religion,
sie zu schreiben war ein Glaubensbekenntnis,
sie zu spielen ein Gottesdienst.
Jede Note war nur an Gott gerichtet.
Das trifft auf alle Teile des Werkes zu,
wie weltlich auch immer ihr Verwendungszweck gewesen war.

Leonard Bernstein,
amerikanischer Dirigent

Einige Gedanken zur Wirkung der Matthäuspassion

Luise Reddemann

Wenn in tausend Jahren noch Musik von Bach erklingen sollte, so hoffe ich, dass es die Matthäus-Passion sein wird.

Maarten t' Haart 2000, S. 160

Johann Sebastian Bach kann man auf vielerlei Art hören und zu verstehen versuchen. In meinem Buch *Überlebenskunst* (Reddemann 2006) habe ich versucht, einige seiner Kantaten „weltlich" zu betrachten. Damit soll gesagt werden, dass ich es unternahm, Bach unter dem Blickpunkt von Resilienz zu verstehen, seiner Resilienz, und wie das Hören und Sichbeschäftigen mit seiner Musik Resilienz fördern kann.

Bach wird im Allgemeinen als jemand gesehen, der seinen Luther und die Bibel sehr gut kannte und studiert hatte, also als strenggläubiger Protestant. Es ist sogar die Rede vom „fünften Evangelisten". In diversen Schriften über ihn, die ich gelesen habe, wird hervorgehoben, wie genau er sich an den jeweiligen gottesdienstlichen Themen orientiert hat und diese ausdeutete. Dem will ich keinesfalls widersprechen.

Ich versuche, mich eher auf das zu beziehen, was mit universeller Spiritualität ebenso gut erklärt werden kann wie mit dem Protestantismus. Und aus diesem Grund interessiert mich auch schon lange die Matthäus-Passion. Nach meinem Verständnis berührt Bach hier Themen wie Leiden und Leid ebenso wie deren Überwindung durch Mitgefühl, Barmherzigkeit und Akzeptanz. Ich betrachte die Passionsgeschichte wie eine Erzählung, die man in Jung'scher Manier (vgl. Jung 1995) auch als einen Prozess im Innern sehen kann, wie das häufig mit Märchen und Mythen gemacht wird.

Der niederländische Chor KCOV Excelsior bei der Aufführung der Matthäuspassion 2008 im Concertgebouw Amsterdam (www.wikimedia.org)

Lucas Cranach d. Ä. (1472 - 1553) deutet in seinem Bild Christus als Schmerzensmann (1515) das Leiden Jesu ebenso wie Bach realistisch und zugleich mystisch. (www.wikipedia.org)

„Jesus" ist in dieser Lesart eine innere Repräsentanz bedingungsloser Liebe, (vgl. auch Reddemann 2013), „Gott" verstehe ich als das „Allganze".

Die erste Aufführung der *Matthäus-Passion*, an die ich mich deutlich erinnern kann, fand am Karfreitag 1979 im Aachener Dom statt. Ich weiß, dass ich fast die ganze Zeit geweint habe, so stark hat mich die Musik erschüttert, die ich zwar recht gut kannte; aber sie in einem solchen Rahmen zu hören, hatte eine besondere Wirkung. So höre ich die *Matthäus-Passion* nach wie vor lieber in einer Kirche und habe eine gewisse Mühe damit, sie im Konzertsaal anzuhören, da dadurch das Spirituelle verloren gehen kann. Zuletzt hat mich eine Aufführung unter Harnoncourt im Wiener Musik-Verein zutiefst erschüttert. Diesmal war es vor allem der Aspekt des Verrats, der mich beschäftigte, genauer: Verrat und Erbarmen, und ich hatte den Eindruck, dass Harnoncourt diesen Aspekt besonders herausgearbeitet hatte.

Das sind spirituelle Themen ebenso wie psychologische, die in Psychotherapien zur Sprache kommen können.

Ich möchte auf Maarten 't Haarts Buch *Bach und ich* (2000) verweisen. 'T Haart hat eine besondere Art über Bach zu sprechen, es klingt, als sei Bach ein ständiger Begleiter, von dem er immer neue Seiten entdeckt. Ähnlich geht es mir auch mit Bach und seiner Musik, die ich nun in einem über 70 Jahre währenden Leben hunderte von Malen gehört und einiges auch selbst gespielt habe.

Wie Pablo Casals, den er zitiert, hält 't Haart die *Matthäus-Passion* für Bachs „ergreifendste Komposition" (ebd. S. 150). Die *Matthäus-Passion* sei „viel dramatischer, bewegender, menschlicher" als die *h-Moll-Messe* (ebd. S. 151). Das ist ein Aspekt, der mich auch immer wieder anspricht: Es geht in dieser Passion und in dieser Musik für mich zentral ums Menschsein mit all seinen – auch erschreckenden – Seiten. Bach selbst habe die *Matthäus-Passion* höher geschätzt als jedes andere Werk von seiner Hand, meint 't Haart. Das schließe er nicht nur daraus, dass er den schönsten Chor der *Johannes-Passion, O Mensch, bewein dein Sünde groß ...,* in die *Matthäus-Passion* übernommen habe, „wo er jetzt bekanntlich den Schlusschor des ersten Teils bildet, sondern auch daraus, dass er 1736 das ganze Werk noch einmal sauber abschrieb" (ebd. S. 152). Das scheint etwas Besonderes gewesen zu sein und wird in vielen Schriften über Bach erwähnt.

Wer den Eingangschor zum ersten Mal oder auch zum hundertsten Mal hört, mag vielleicht zustimmen, dass „die Größe des Eingangschors der *Matthäus-Passion* mit nichts anderem zu vergleichen (ist). Er ist einfach das schönste Chorwerk Bachs" (ebd. S. 156). Dies mag auch damit zusammenhängen, dass dieser doppelchörige Eingangschor in e-Moll steht, in der oft „die schmerzlichsten Kompositionen Bachs" geschrieben sind (ebd. S. 181). Oder in der Ausdrucks-

weise von Bachs Zeitgenossen Johann Mattheson ist e-Moll „tieffdenckend / betrübt und traurig [...] doch so / daß man sich noch dabey zu trösten hoffet" (Mattheson 1713, S. 239) (vgl. auch Nr. 58 *Aus Liebe will mein Heiland sterben*).

Der Schmerz berührt einen beim Zuhören sofort. Ich werde auch unmittelbar in die dominierenden Affekte dieser Passion hineingezogen, den unendlichen Schmerz, die Klage und die tiefe Trauer und Traurigkeit, die in einem meiner Lieblingschöre von Bach endet: *Wir setzen uns mit Tränen nieder*. Dieser Choralsatz steht in c-Moll, nach Mattheson „ist ein überaus lieblicher dabei auch trister Tohn" (ebd. S. 244). Dieser Chor klingt oft wie ein Wiegenlied, und für mich hat das, was Mattheson „lieblich" nennt, auch etwas Tröstliches. Maarten 't Haart fragt:

Soll man auf die wunderschönen harmonisierten Choräle hinweisen? ... Soll man die Aufmerksamkeit auf die hinreißenden Streicherpassagen beim Brot und Wein des Abendmahls lenken? Soll man sagen: Beachte doch das herrliche Duett von Sopran und Alt „So ist mein Jesus nun gefangen", die Chorstücke und die Überleitung zu „Sind Blitze, sind Donner in Wolken verschwunden?" Soll man darauf verweisen, dass Bach, wenn er, wie im Schlusschor des Ersten Teils, mit Tonwiederholungen arbeitet, immer in Höchstform ist? Soll man den 12/8 Takt der „Erbarme dich"-Arie besonders erwähnen.... Soll man zu verstehen geben, dass ein solch klischeehaftes Element der Mu-

*sik wie der verminderte Septakkord bei Bach eine gewaltige Wirkung hervorruft, wenn der Chor „Barrabam" ruft? Soll man auf die vielen wunderschönen Ariosi hinweisen? Für mich sind die Höhepunkte „Am Abend, da es kühler war" und „Ach Golgatha, unselges Golgatha"…. **Unser Dasein wäre viel kühler und kahler, wenn wir diese sublimen Wunderwerke entbehren müssten.***
(Hervorhebung L. R.)

’t Haart 2000, S. 158 f.

Vor kurzem habe ich die Aufnahme von Paul Mc Creesh (Archiv Produktion 2003) entdeckt und kann nicht mehr sagen, was für mich die wichtigsten Stücke sind, weil mich einfach jedes Stück zutiefst erreicht: Seien es die Ariosi, die erschütternden Rezitative des Evangelisten, – z. B. habe ich das „und weinete bitterlich" noch nie ergreifender gehört –, die Chöre, die hier auch, und nur, von den Solisten gemeinsam gesungen werden, seien es die Arien, ich kann nur gebannt der Musik – und auch dem Text – zuhören. Ich kenne keine Aufnahme, die mir das Ergreifende und Erschütternde dieser Geschichte intensiver vermitteln konnte und könnte. Insbesondere diese Aufnahme regte mich an, die Erzählung, wie sie von Matthäus und Bach mit Unterstützung Picanders zustande kommt, unter dem Aspekt einer inneren Erfahrung im Jung'schen Sinn zu betrachten.

Die emotional-sinnliche Wirkung der Musik werde durch die musikalische Rhetorik strukturiert und gleichsam bildhaft notiert. Sie ge-

Verleugnung Jesu durch Petrus, Gemälde von Carl Bloch, 19. Jhd. (www.wikimedia.org)

ser: lauschend – erleben, und sie können einen tiefen Eindruck hinterlassen. Es gibt in der Gesamtanlage der Passion, so wie Bach sie präsentiert, nach meiner Meinung musikalisch-textliches persönliches Erleben – oder dieses anregend – das eigenständig ist, jenseits der theologischen Aussagen, das mich dazu einlädt, dieses Werk im oben genannten Sinn nachzuerleben.

In Bachs Erzählung gibt es psychologisch betrachtet zwei Figuren, die mich am meisten erreichen, nämlich die des Verrats und die des Erbarmens. Meine Assoziationen sind besonders dadurch geprägt, dass ich mich seit Jahrzehnten mit diesen Themen als Psychotraumatologin beschäftige, auch wenn sie im Wissenschaftsdiskurs selten benannt werden.

Es gibt vermutlich nicht sehr viele Menschen, denen Verrat in der einen oder anderen Form niemals begegnet ist, sei es passiv als verratene Person, sei es aktiv, als der/die, die verraten. Die aus meiner Sicht schlimmste Art des Verrats findet dann statt, wenn zwischenmenschliches Vertrauen ausgenutzt und missbraucht wird, z. B. wenn ein kleines Kind, das auf die Fürsorge Erwachsener angewiesen ist, diese nicht nur nicht erfährt, sondern darüber hinaus Gewalt und Schlimmeres erfahren muss. Genau solche Erfahrungen können auch dazu führen, dass Menschen sich im Lauf ihres Lebens selbst verraten, so dass daraus etwas wird, das Novalis schon 1798 so beschreibt: *Der Mensch besteht in der Wahrheit. Gibt er die Wahrheit preis, so gibt er sich selbst preis. Wer die Wahrheit verrät, verrät sich selbst.* Arno Gruen (1992) spricht vom „Verrat am Selbst".

In der Erzählung des Matthäus gibt es mehrere Stränge von Verrat: Der eine ist der des Judas, der Jesus für ein paar Silberlinge verrät, der andere der des Petrus, der vorgibt, Jesus nicht zu kennen, ihn also verleugnet, als er als sein Jünger erkannt wird. Darüber hinaus gibt es noch andere Verratssituationen, z. B. wenn die Jünger nicht bei Jesus wachen.

höre zu den überzeitlichen Erkenntnissen, die aus der Kompositionsgeschichte des Abendlandes unmissverständlich ‚ablesbar' – vielleicht aus meiner Sicht sogar genauer: hörbar – sei, meint der Kirchenmusiker Rolf Schweizer (2000). Auch wenn der Text aus der Bibel hierzu seinen Beitrag leistet, so sind Bachs musikalische Mittel sicher ebenso wichtig und bedeutsam, für manche Hörer und Hörerinnen vielleicht sogar bedeutsamer, um sich emotional erreichen zu lassen.

Hier ein Beispiel für viele: Der zweite Teil der Passion beginnt mit dem größtmöglichen Tonartenabstieg von h-Moll nach c-Moll. Extremer kann man Trauer über den Abstieg des Gottessohnes in das Reich des Todes mit einem musikalischen Mittel, hier dem der Tonartenanordnung, nicht darstellen. Dazu gibt es noch einen melodischen Abstieg ganz am Ende der Matthäuspassion: Fast alle Stimmen werden melodisch nach unten geführt (vgl. Kleber, W. 1998).

Und ich meine, selbst wenn man diese Dinge nicht weiß, man kann sie hörend – oder bes-

Takt 9 — Er - bar - me dich,— er - bar - me dich, mein Gott

54 Takte

Dabei hat Jesus grade auf eine zu Herzen gehende Weise darum gebeten, bei ihm zu bleiben und sagt, dass seine Seele betrübt sei bis auf den Tod. Es wird davon ausgegangen, dass er „Höllenqualen" leidet (Rezitativ Nr. 19).

Innerseelisch geschieht es nicht selten, dass wir uns selbst verraten: Wir hören uns nicht zu, wir wollen unseren Schmerz, unsere Ängste, unsere Höllenqualen nicht wahrnehmen. Wir verraten uns selbst „für dreißig Silberlinge" oder sogar noch weniger. Allerdings sind wir damit auch ambivalent, wie es auch in der Passion zum Ausdruck kommt: Eine andere Stimme singt: „Ich will bei meinem Jesus wachen". Wir wollen bei einem leidenden, verzweifelten Teil bleiben und vermeiden es dann doch.

Die Bereitschaft, mit uns selbst zu sein, wäre eine Chance, mit dem Göttlichen in uns in Kontakt zu kommen, „hinauf zu Gottes Gnade" (Nr. 22). In der Arie Nr. 23 heißt es: „Gerne will ich mich bequemen, Kreuz und Becher anzunehmen". Das „gerne" wird musikalisch mehrfach wiederholt. Angst hindert uns daran, dem Verletzlichen in uns zu begegnen, „wir kennen es nicht". Die Teile in uns, mit denen wir uns selbst trösten könnten, „schlafen" und der wahrhaft liebende Teil in uns – die Jesusenergie – ist wie in Gefangenschaft, wodurch „Mond und Licht vor Schmerzen" untergehen. In der Arie Nr. 27 *So ist mein Jesus nun gefangen* lässt Bach die verschiedenen Stimmen, die tieftraurigen (Sopran und Alt) und die wütenden (Chor) sich ausdrücken. Es ist auf musikalisch eindrucksvolle Weise zu hören, was da für ein Kampf tobt. („Sind Blitze, sind Donner ...")

Nach dieser –innerseelischen – Katastrophe bleibt nur das Beweinen (Nr. 29). Der Choral *O Mensch, bewein dein Sünde groß* muss Bach sehr wichtig gewesen sein. Er hat ihn aus der

Johannes-Passion in die *Matthäus-Passion* übernommen. Ich empfinde diesen Choral, so wie Bach ihn gestaltet hat, sehr stark als eine „Klangrede" (vgl. Mattheson 1739).

Bei Johan Bouman wird diese Rede genau beschrieben: Am Beginn des Chorals z. B. spielen die Flöten eine Subsumptio oder auch Suspiratio genannt, also einen Seufzer, der von den Oboen aufgegriffen wird. Musikalisch wird im Weiteren durch das Zusammenklingen verschiedener Figuren das Beweinen immer deutlicher und, wie ich finde, immer schmerzlicher. Es zeigt sich in dieser Form des Chorals *ein Kosmos von Figuren, die zusammen die Eindringlichkeit und die klagende Besinnung der Gemeinde ausdrücken* (Bouman 2000, S. 52).

Der barmherzige Samariter, Gemälde von Aime Morot, 1850 - 1913 (www.wikimedia.org)

Aufbrechen. Gemälde von Maria Hafner, geb 1923 (www.wikimedia.org).
Die gestalterische Auseinandersetzung mit biblischen und spirituellen Texten verband sich mit persönlichen Wegerfahrungen und führte zu Bildreihen, die das menschliche Unterwegssein darstellen. (www.mariahafner.ch)

Während der Verrat des Judas etwas über Gier und Schäbigkeit aussagt, erzählt Petrus Verrat etwas über Feigheit. Und ich frage mich, hätten die Gierigen und schäbig Menschen Verachtenden überhaupt so große Chancen, wenn nicht andere da wären, die wegschauen, die feige sind? Wir brauchen „Geduld, Geduld" (Nr. 35) mit uns, um mutiger zu werden, aber das ist schwer. Dass die Verleugnung Jesu gleich dreimal geschieht, könnte etwas darüber sagen, wie schwer es ist, zu sich und dem zutiefst Eigenen zu stehen.

Zwei Arien liebe ich besonders: *Geduld, Geduld* und *Erbarme Dich*, das gesungen wird, nachdem Petrus Jesus dreimal verraten hat. Mit uns selbst Erbarmen oder Mitgefühl zu haben, fällt uns nicht leicht. Die *Erbarme Dich*-Arie dürfte vielen auch deshalb bekannt sein, weil hier ein wunderbares Geigensolo erklingt. Es ist wie ein „Zuflucht nehmen", was die Geige hier auszudrücken scheint.

Es spielt das vollständige Streichorchester, und die Solo-Violine drückt in der Melodielinie das Flehen des Petrus zu Gott aus ... Die Arie hat insgesamt 54 Takte. ... hier könnte ein Hinweis auf ein Psalmwort gegeben sein. Psalm 54,4 lautet in der Übersetzung Luthers: „Gott erhöre mein Gebet, vernimm die Rede meines Mundes.

Bouman 2000, S. 56

Bach gestaltet die Worte des Evangelisten „Und ging heraus und weinete bitterlich", die vor der Arie gesungen werden, so, dass Petrus' tiefe Reue und Verzweiflung deutlich werden, aus denen dann der Wunsch nach Erbarmen entstehen kann.

Und, wie schon erwähnt, es scheint mir, dass, selbst wenn man die musikalische Rhetorik nicht kennt oder erkennt, sich in Bachs Musik intensiv vermittelt, was für ein großes Leid wir uns („Jesus" in uns) zufügen. Mit dem Choral *O Mensch bewein ...* endet der erste Teil, und der zweite Teil beginnt damit, dass der „Freund", der uns selbst liebende Teil, vermisst wird (Nr. 30).

Der Verrat des Petrus erschien mir immer deshalb so besonders erschütternd, weil er kurz zuvor noch betonte, dass er hinter Jesus steht und ihn niemals verlassen werde. Doch kaum hat er Angst und fühlt sich bedroht, verrät er Jesus, indem er behauptet, er kenne ihn nicht. In gleicher Weise gehen wir mit uns selbst um.

Statt Selbstbegegnung zu wagen, versichern wir uns, dass wir nicht wissen, wer wir sind, (und es auch nicht zu brauchen scheinen). Es könnte zu schmerzlich sein, sich selbst zu begegnen.

Gebt mir mei - nen Je - sum wieder, gebt mir, gebt——mir meinen Jesum wieder

65 Takte

Takt 13

Mir erscheint hier wichtig, dass es keine Anklage gibt. Nur die Feststellung dessen, was geschieht. Petrus verleugnet, er wird sich dessen bewusst, er weint darüber bitterlich, er bittet um Erbarmen. Wenn wir uns bewusst werden, was wir uns antun – und anderen – wenn wir darüber bitterlich weinen können, erwächst daraus Mitgefühl und der Wunsch nach Erbarmen. Ich nenne das den Wunsch, ein Mensch sein zu dürfen, der Schwächen hat, der scheitert, ja scheitern darf und darüber trauern kann.

Die nächste Arie nach dem *Erbarme Dich* empfinde ich musikalisch als besonders eindrucksvoll. Es ist dies „Gebt mir meinen Jesum wieder!", diese Arie klingt eher heiter und wie ein Tanz, als scheine nach dem Erbarmen ein Licht auf. Sie ist wie die Arie (Nr. 13) *Ich will dir mein Herze schenken* in heiterem G-Dur, es gibt sonst nur noch die Arie *Mache dich, mein Herze, rein* (Nr. 65) in Dur (B-Dur) in der Passion. Hier klingt Hoffnung an, Jesus soll „… in mir für und für seine süße Ruhe haben". Wieder beinahe ein Tanz. Ich habe von Joachim Ernst Behrendt gelernt, zu Bach'scher Musik zu tanzen, eine wunderbare Erfahrung. Wer glaubt, Bach sei streng, kann sich hier eines Besseren belehren.

Das Sterben Jesu und seine Angst, die im *Eli, Eli asabthani?* (Nr. 61a) zum Ausdruck kommt, kann wohl kaum jemand kalt lassen. Vollkommene Verlassenheit. Kein Trost. Dies scheint die Voraussetzung dafür zu sein, dass Jesus, also das Prinzip bedingungsloser Liebe „ins Herz" Eingang finden kann. Das Rezitativ *Am Abend, da es kühle war* (Nr. 64) und die dazugehörige Arie des Basses *Mache dich, mein Herze, rein* (Nr. 65) erlebe ich als wahrhaft „herzergreifend". Und wieder eine tanzartige Melodie in (B-)Dur; im danach folgenden Rezitativ *Und Joseph nahm den Leib* des Evangelisten klingt Zärtlichkeit an (Nr. 66a).

Ich komme zum Schlusschor, den ich inhaltlich für bemerkenswert halte. Bach ging es bei seiner Musik darum, eine „wohlklingende Harmonie zur Ehre Gottes" und „zulässiger Ergötzung des Gemüthes" zu schaffen. Der Theologe Johan Bouman meint zu Bach:

Die Musik will den Menschen wieder in die schöpfungsgemäße Ordnung und Freude Gottes zurückführen, wo auch der geeignete Raum für das Lob Gottes entsteht.

Und er zitiert Luther, wonach die Musik nach der Theologie vermöge,

ein ruhiges und fröhliches Gemüt (zu) schaffen, zu offenbaren Zeugnis, dass der Teufel, der Urheber der traurigen Sorgen und unruhigen Gedanken, vor der Stimme der Musik beinahe so flieht wie vor den Worten der Theologie.

Bouman S. 25 f.

Bach scheint sich trotz dieser Lehren traurige Gedanken erlauben zu wollen, *Wir setzen uns mit Tränen nieder*, gleichzeitig eröffnet er vor allem musikalisch mit dem Wiegenliedcharakter dieses Chores Trost und eben jene Harmonie zur „recreatio cordis", zur Erquickung des Herzens. Es scheint ihm um Seelenruhe zu gehen, die, so verstehe ich das, nur möglich ist, wenn wir uns mit allem, was wir sind, akzeptieren.

An dieser Stelle möchte ich erwähnen, dass Bach in den Jahren von 1725 - 1729 viele Verluste erlitten hat, beginnend bei seinem wichtigen väterlichen Freund Salomo Franck, dem Tod mehrerer Kinder und dem Tod seines äl

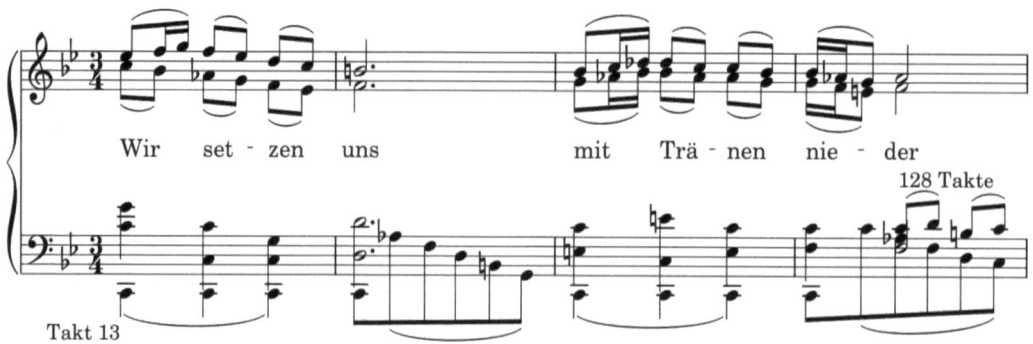

Takt 13

Wir set - zen uns mit Trä - nen nie - der

128 Takte

testen Bruders, der Vaterersatz für den zehn-jährigen Waisen Sebastian war, bis zu seiner Schwägerin, die ihm nach dem Tod seiner ersten Frau beigestanden hatte.

Das heißt, ich vermute in der Matthäus-Passion auch eine tiefgreifende persönliche Auseinandersetzung mit den Themen Verlust und Sichverlassenfühlen bis hin zur Erfahrung von Gottverlassenheit.

Unser Herz zu erquicken, sodass wir mit uns selbst – und der Welt – gut leben können, scheint mir wichtig und Bach kann denen, die sich von seiner Musik angesprochen fühlen, helfen, mit sich selbst ins Reine zu kommen, sich selbst anzunehmen mit Mitgefühl und Barmherzigkeit. Bachs Musik ist aus meiner Sicht auch deshalb auf der ganzen Welt bekannt und geschätzt, weil er universelle Wahrheiten zum Ausdruck bringen kann, die jenseits von engen religiösen Systemen ihre Gültigkeit haben.

Literatur

Bach Matthäuspassion Textbuch : http://opera.stanford.edu/iu/bachlib/BWV244.HTM

Bouman, J. (2000): Musik zur Ehre Gottes. Die Musik als Gabe Gottes und Verkündigung des Evangeliums bei Johann Sebastian Bach. Gießen

Gruen, A. (1992): Der Verrat am Selbst: Die Angst vor der Autonomie bei Mann und Frau. München

Jung, C. G. (1995): GW 6, Walter Verlag, zitiert nach: http://www.analytische-psychologie.org/woerterbuch.htm. Zugriff 10.8.2014

Kleber, W. (1998): Gedanken zu Form und Inhalt der Matthäus-Passion. www.darmstadt-online.de/Paulusgemeinde. Zugriff 10.8.2014

Mattheson, J. (1713): Das Neu-eröffnete Orchester. Hamburg 1713 zitiert bei: Quellentexte zu Klavierspiel, Aufführungspraxis und Musikästhetik des 18. und 19. Jahrhunderts in Auszügen, http://www.koelnklavier.de/quellen/index.html. Zugriff 10.8.2014

Mattheson, J. (1739): Der vollkommene Capellmeister, Das ist Gründliche Anzeige aller derjenigen Sachen, die einer wissen, können, und vollkommen inne haben muß, der einer Capelle mit Ehren und Nutzen vorstehen will: Zum Versuch entworffen; Hamburg 1739, Herold. Unter: wikipedia.org/wiki/Datei: Der_vollkommene_Capellmeister.pdf, Zugriff 10.8.2014

Novalis (1798): „Blüthenstaub", in ›Athenaeum. Eine Zeitschrift von August Wilhelm und Friedrich Schlegel‹, 1. Bd.

Platen, E. (2009): Johann Sebastian Bach. Die Matthäus-Passion. Kassel

Reddemann, L. (2006): Überlebenskunst. Stuttgart *Reddemann, L. (2013):* Überlebenskunst. 4. überarbeitete Auflage. Stuttgart

Schweizer, J. (2000) Vorwort zu Bouman, J.: Musik zur Ehre Gottes. Gießen

'T Haart, M. (2000): Bach und ich. Zürich

Luise Reddemann
Prof. Dr. med., Fachärztin für psychotherapeutische Medizin, Psychoanalytikerin (DPG, DGPT), Honorarprof. für Psychotraumatologie an der Universität Klagenfurt, Vorstandsmitglied der Internationalen Gesellschaft für Tiefenpsychologie

Musiktherapie bei C. G. Jung

Margret Tilly (1900-1969) war eine Konzertpianistin und die erste Musiktherapeutin an der Langley-Porter Klinik in San Francisco. Sie war aufgrund einiger Artikel, die sie über Musiktherapie geschrieben und an Jung geschickt hatte, zu einem Besuch bei ihm eingeladen worden. Seine Tochter Marianne und Miss Bailey, Jungs Haushälterin, waren auch anwesend, weil diese sich für die Thematik ebenfalls sehr interessierten.

Erst saßen sie eine Weile vor dem Kamin, tranken Tee und tauschten sich gedanklich aus. Dabei erfuhr Frau Tilly, welche Beziehung Jung zur Musik hatte: *Ich kenne die ganze Literatur – ich habe alle Werke und auch alle großen Musiker gehört, aber jetzt höre ich keine Musik mehr. Sie erregt und erschöpft mich zu sehr.* Als sie ihn fragte weshalb, antwortete er: *Weil die Musik mit solch tiefem archetypischen Material zu tun hat, und weil diejenigen, die sie spielen, dies gar nicht realisieren.*

Dann gingen sie an den Bechstein-Flügel, der im Raum stand. Jung setzte sich zu ihr. Sie sollte ihn so behandeln, als sei er einer ihrer Patienten. Sie begann zu spielen. Als sie sich umwandte, war er sichtlich gerührt und sagte:
Fahren Sie fort – fahren Sie fort.
Nachdem sie weiter gespielt hatte, war er noch mehr davon berührt und sagte:
Ich weiß nicht, was mir geschieht – was tun Sie?

Sie begannen miteinander zu sprechen,
sie erzählte Fallbeispiele und führte vieles vor. Sie berichtet:

Er war sehr begeistert, und für mich war es so leicht und einfach, wie wenn ich mit einem Kind gearbeitet hätte. Endlich platzte er heraus: „Das eröffnet eine ganz neue Forschungsrichtung, von der ich mir nie hätte träumen lassen. Das, was Sie mir heute Nachmittag gezeigt haben – nicht nur das, was Sie gesagt haben, sondern vor allem das, was ich konkret gefühlt und erlebt habe – lässt mich fühlen, dass Musik von jetzt an ein wesentlicher Bestandteil einer jeden Analyse sein müsste.
Sie gelangt zu tiefem archetypischen Material, zu dem wir in unserer analytischen Arbeit mit Patienten nur selten gelangen.

Nach: C. G. Jung im Gespräch - Interviews, Reden, Begegnungen.
Hrsg. Robert Hinshaw und Lela Fischli. Zürich, Daimon 1986

musik

Die Zauberflöte

Sei standhaft, duldsam und verschwiegen!

5. Die Heldenreise

Das Geschehen der Oper stellt eine klassische Heldenreise mit den typischen Elementen, dem Auftrag, der Auseinandersetzung mit den Eltern, dem Abstieg in die Unterwelt, dem Drachenkampf und der Gewinnung der „schwer erreichbaren Kostbarkeit" dar, wie sie von C. G. Jung, J. Campbell, E. Neumann u. a. immer wieder im Kontext der Bewusstseinsentwicklung und Individuation beschrieben wurden.

Die Heldenreise der Zauberflöte ist aber keine physische, sondern eine psychische und spirituelle. Unterstützung erhält Tamino durch die Zauberflöte und die drei Knaben, die ihn ermutigen:

Zum Ziele führt dich diese Bahn, doch musst du, Jüngling, männlich siegen. Drum höre unsre Lehre an: Sei standhaft, duldsam und verschwiegen!

Es geht um Tugend, um Gerechtigkeit, Wahrhaftigkeit, um die Stärke der Persönlichkeit, um die Ablösung von den Eltern und deren Macht, um das Finden der eigenen Identität,

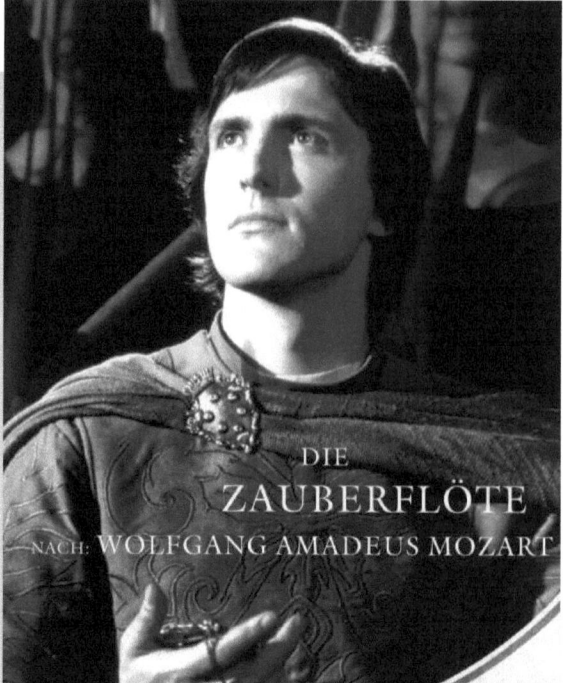

Josef Köstlinger als Tamino in der Filmversion der Zauberflöte von Ingmar Bergman (1975). Tamino muss erst in seine Heldenrolle hineinwachsen. Den Kampf mit der Schlange, der bedrohlichen Dynamik der unbewussten Energien, wagt er anfangs noch nicht; er läuft vor der Schlange davon, wird ohnmächtig, und die drei Damen aus dem Reich der Großen Mutter müssen für ihn diese Aufgabe übernehmen.

Erst als Tamino das Bildnis der Pamina erblickt und sich sofort in es verliebt (klassische Anima-Projektion!), erwacht sein heroisches Bewusstsein und er ist bereit, für ihre Befreiung zu kämpfen und alles zu riskieren: *Mich schreckt kein Tod, als Mann zu handeln, den Weg der Tugend fortzuwandeln. Schließt mir die Schreckenspforten auf, ich wage froh den kühnen Lauf!*

des eigenen Lebensauftrages, es geht um die Fähigkeit, entschieden, geduldig und konsequent dem gesetzten Ziel zu folgen (Standhaftigkeit), Affekte, Emotionen und Ängste - vor der Macht des Weiblichen und Männlichen, den Hindernissen und Gefahren, den Dunkelseiten der Psyche - auszuhalten (Verschwiegenheit), sich von ihnen nicht beirren und ablenken zu lassen, und es geht um Mitgefühl und Güte (Duldsamkeit).

Der Initiant muss dabei auch - nach einer längeren Vorbereitungsphase des Lernens, der Prüfung und „Reinigung" – einen symbolischen Tod sterben, um als „neuer" Mensch mit einer neuen Lebensorientierung wiedergeboren zu werden.

Der, welcher wandert diese Straße voll Beschwerden, wird rein durch Feuer, Wasser, Luft und Erden; wenn er des Todes Schrecken überwinden kann, schwingt er sich aus der Erde himmelan. ...

Wo vorher vornehmlich ein Interesse an der Ausgestaltung des persönlichen Lebens gestanden hatte, soll sich nun ein Gefühl der Verantwortlichkeit und Verbindlichkeit für die Gemeinschaft, die Menschheit und dem ganzen Lebensprozess gegenüber entwickeln.

Beethoven, postheroisch

Jörg Rasche

Zum ersten Mal bin ich Beethoven begegnet mit 14 Jahren, 1964 in Würzburg. Elly Ney, eine Hohepriesterin des Klaviers und weißhaarige Mumie mit brauner Vergangenheit, spielte das fünfte Klavierkonzert. Mittendrin geriet sie unversehens in ein anderes Stück, ein anderes Konzert. Das Orchester erstarrte und schwieg. Elly Ney spielte ziemlich lange irgendetwas bis zu einer Kadenz, dann begann sie mit dem dritten Satz des ursprünglichen Konzerts. Das Orchester fand wieder hinein. Ich wunderte mich über so viel Geistesgegenwart bei solcher Vergesslichkeit. Diese Musik ist Theater, dachte ich. Elly Ney sah nicht ganz so schrecklich aus wie ihre Parodie wenige Jahre später (1970) in dem Film *Ludwig van* von Maurizio Kagel, doch sie war zum Fürchten und ein lebendiges Symbol dafür, dass die Zeit dieses Beethoven endgültig vorbei war.

Ich habe nie Beethoven gespielt, bis ich zwanzig Jahre später in meiner Lehranalyse auf meinen Vaterkomplex gestoßen bin. Ich hatte immer nur Bach gespielt, auf Orgel und Cembalo und am liebsten Fugen, doch die Klassik fand ich eher uninteressant. Es war Abwehr. Doch nun hörte ich irgendwo, dass Beethoven einen dicken negativen Vaterkomplex hatte. Das interessierte mich. Ich begann, sozusagen im Schutz der Analyse, Klavier zu spielen, und ein Kosmos tat sich auf. Diese Musik war so ganz anders, sie atmete, es gab schöne Melodien, die einfach nur schön waren, und es gab donnernde Effekte, bei denen man sich austoben konnte. Allein die Entdeckung, dass man auf dem Klavier laut und leise spielen kann, war unerhört. So ein Reichtum!

Im Banne der Revolution

Beethovens Vaterkomplex war in seiner Musik nicht auf Anhieb zu finden. Doch da waren Stellen, wo dieser Komponist wie in Zorn oder Verzweiflung einen lauten dissonanten Akkord auf den anderen häufte, oder wo plötzlich eine Linie abbricht und man sozusagen ins Leere fällt. Manches wiederum ist von überirdischer Schönheit. Es war wie die Musik einer großen Liebe, die danach sucht, erwidert zu werden.

Bald faszinierten mich die frühen Sonaten aus den ersten Wiener Jahren. Beethoven war ein Jakobiner, ein leidenschaftlicher Anwalt der Revolution. Aus Bonn war er 1792 nach Wien geschickt worden vom Grafen Waldstein, um dort „Mozarts Geist aus Haydns Händen zu empfangen".

Doch Beethoven konnte Autoritäten nicht ausstehen, und gleich in der ersten Klaviersonate, die er 1795 dem alten und hochberühmten Haydn widmete, brachte er im letzten Satz eine unverschämte Plattitüde an (op. 2 Nr. 1, 3. Satz Takt 59 ff.), die jedem Pianisten peinlich ist. Bald folgen die Sonaten, in denen die Kämpfe der Revolution widerhallen. Gute Beispiele sind die drei Sonaten op. 10 (1796 - 1998).

Die dritte beginnt mit stürmischen Läufen im Unisono, und das zweite Thema (ab Takt 22) variiert ein französisches Kampflied, *Veillons au salut de l´empire!*, ein Lieblingslied von Napoleon! Es wird gekämpft, und zwar heroisch, mit wilden Synkopen und unter dem Einsatz des Lebens. Der zweite Satz ist ein ergreifender Trauermarsch, in dessen Mittelteil die melodietragende Oberstimme zu stottern beginnt und schließlich in Stücke geht – es ist wie das Sterben eines Helden auf dem Schlachtfeld oder die Überwältigung durch das Gefühl.

Im kurzen dritten Satz erholt sich die Musik etwas, und der vierte abschließende Satz beginnt wie mit der Frage: „Und jetzt?" Wie geht es weiter? Ab Takt 49 findet sich eine Passage, die tatsächlich nichts-sagend ist. Auch Beethoven wusste nicht weiter. Der vierte Satz bringt keine Lösung, keine Apotheose. Deshalb wird die Sonate auch selten gespielt – die Leute wollen einen positiven Schluss.

Spiegelung oder Gegenwelt?

Nun ist es problematisch, musikalische Strukturen mit biographischen Notizen zu amplifizieren. Spiegeln sie eine psychologische Situation, oder entwerfen sie eine Alternative? Musik spricht für sich selbst, und ihre Strukturen formulieren Archetypen des Menschseins, die in bestimmten Werken in besonderer Weise gestaltet und ausgedrückt sind und deshalb den Hörer wie den Spieler ergreifen. Große Künstler sind, wie C. G. Jung und Erich Neumann sagten, Seismographen, welche Veränderungen im kollektiven Unbewussten ihrer Zeit spüren und in eine künstlerisch überzeugende Form bringen können. Das Werk des frühen Beethoven hat seine Zeitgenossen elektrisiert – sie fanden sich in ihm wieder. So können wir doch fragen: Was ist um 1796 geschehen, den Jahren der Sonaten op. 10?

Es war der erste Koalitionskrieg der Österreicher und Preußen gegen die Franzosen. Napoleons Truppen kämpften erfolgreich in Oberitalien und drohten, nach Wien zu marschieren. Die Hoffnungen, die auch dort viele mit der Revolution verbunden hatten, waren zerstoben, als 1793 in Paris mit dem König auch Marie-Antoinette, die Tochter der österreichischen Maria Theresia, auf der Guillotine hingerichtet wurde. Jetzt konnte, in Österreich, auch ein Beethoven sich nicht mehr als Jakobiner bekennen. Und die französischen Truppen schickten sich an, ganz Europa zu erobern. Österreich kapitulierte 1797. Beethoven, der zeitlebens revolutionär dachte, ging in eine Art innere Emigration und wurde zum trotzigen Dissidenten, den auch seine Taubheit immer mehr vom gesellschaftlichen Leben ausschloss. Er entwickelte immer mehr eine innere Gegenwelt.

Das Kriegsglück wendete sich, Napoleon ging nach Ägypten, Österreich war im Aufwind.

Doch als Napoleon nach Paris zurückkehrte, nutzte er das dortige Durcheinander zu einem Staatsstreich. Am 18. Brumaire (übrigens ein 9. November!) 1799 machte er sich zum Führer eines dreiköpfigen Konsulats. Er wurde erneut zu einem Idol in Europa, er wurde nun als der „Neue Prometheus" gefeiert, der den hungernden und frierenden Völkern die Freiheit und das Feuer der Aufklärung bringen würde.

Beethoven, dreißig Jahre, ist wieder Feuer und Flamme, 1800 schreibt er das „heroisch-allegorische" Ballett *Die Geschöpfe des Prometheus*. Von 1802 an arbeitet er an der dritten Symphonie, der *Eroika*, „geschrieben auf Bonaparte", welche Motive des Prometheus-Balletts aufnimmt. Wie in der Klaviersonate op. 10, 3 finden wir ein Kampfgeschehen im ersten Satz, einen Trauermarsch „auf den Tod eines Heroen" im zweiten, doch der letzte Satz wird nun zu einer Apotheose.

1804 schreibt Beethoven an der Oper *Leonore*, die später *Fidelio* heißen wird. Beethoven plant, nach Paris zu ziehen und Napoleon seine Dienste als Hofkomponist anzubieten. Napoleon liebt die Oper und heroische Musik – er schätzt Beethovens Musik und zahlt gut. Das Projekt wird durch Wiener Gönner Beethovens verhindert. Die Widmung an Napoleon zerreißt er, als dieser sich zum Kaiser krönt.

Vaterkomplex

Um auf den Vaterkomplex zurückzukommen: Beethovens persönlicher Vater war schwach, ein Alkoholiker, für den der 17jährige Ludwig die finanzielle Vormundschaft annehmen musste. Früh hatte der Vater den kleinen Ludwig mit Schlägen zum nächtlichen Klavierüben gebracht. Die späteren sozialen Väter, wie den Grafen Waldstein oder den Fürsten Lobkowitz, hat er oft ambivalent erlebt. Er suchte ihre Liebe, doch er stieß sie auch vor den Kopf. Es lag auch am Geist der Zeit. Mit dem König hatten die Franzosen den archetypischen Vater hingerichtet und ein Vakuum angerichtet, in dem sich der *terreur* der Jakobiner und Robespierres austoben konnte. Viele waren verstört.

1799 schrieb Schiller im *Lied von der Glocke*: „Wo sich die Völker selbst befrein, da kann die Wohlfahrt nicht gedeihn." Die Koalitionskriege gegen das revolutionäre Frankreich setzten auf patriotische-patriarchale Loyalität (Haydns *Gott erhalte Franz den Kaiser*) oder auf gnadenlose Repression und Zensur. Man hat sogar vermutet, dass Schindler, der spätere Privatsekretär Beethovens, ein Agent der Metternich'schen Geheimpolizei war und ein Auge auf den Dissidenten Beethoven haben sollte.

Die Väter hielten nicht, was sie versprachen. Selbst der große Napoleon, der „Neue Prometheus", der das Recht der Menschen gegen die Götter vertrat, verriet die in ihn gesetzten Erwartungen und machte sich zum Kaiser. *Ist er auch nichts anderes, wie ein gewöhnlicher Mensch! Nun wird er auch alle Menschenrechte mit Füßen treten, nur seinem Ehrgeize frönen, er wird sich nun höher, wie alle andern stellen, ein Tyrann werden!*, rief Beethoven zornig.

Beethoven entwickelte mehr und mehr seinen eigenen Kosmos. Er wurde der meistgeliebte und meistverehrte Komponist der Romantik, der es vor allem um die Schau nach innen und zu den Sternen ging. E. T. A. Hoffmann war einer seiner Bewunderer, ebenso später Schumann und Brahms. Doch mit dem aufkommenden Nationalismus begann die Zeit, als Beethovens Musik für nationalistische Botschaften missbraucht wurde.

1871, nach dem Revanche-Sieg der Deutschen über Frankreich, dirigierte Victor von Bülow die *Eroika* als „Bismarck-Symphonie". Beethoven sollte ein deutscher Übervater werden. 1918 kam mit der Niederlage und der Abdankung des Kaisers die Katastrophe für deutsche Vaterprojektionen.

Hitler hielt es persönlich mehr mit Wagner, doch viele Nationalsozialisten (und als eine glühende Verehrerin Hitlers auch Elly Ney) propagierten weiter den heroischen Beethoven als den deutschesten Musiker und nutzten seine Musik für Aufmärsche und pompöse Trauerfeiern. Goebbels beschrie die letzten Kriegsjahre gar als „die Eroika des deutschen Volkes". Das pathetische Beethovenbild wurde jedoch von anderen schon früh infrage gestellt, von Stra-

winsky, Cocteau, Hindemith, Kolisch, Schoenberg und Adorno.

Nach dem ersten Weltkrieg verständigte man sich darüber, dass der heroische, in unzähligen Gipsbüsten abgebildete „Feier"-Beethoven ein historisches Missverständnis gewesen sein müsse.

Beethoven war zu vielschichtig, um einen nationalen Übervater abgeben zu können. Den ungelösten kollektiven Vaterkomplex erbte dann meine Generation nach dem Zusammenbruch des Dritten Reiches, und mit ihm einen Gipsbüsten-Beethoven, der in Trümmern lag, so wie alle kollektiven deutschen Vaterwünsche 1848, 1918 und 1945 immer wieder in Brüche gegangen waren.

Komplexe in der Musik

Und dennoch: Wer als Jugendlicher einmal von Beethoven angesteckt und begeistert wurde, vergisst es nie. Manch einem ist es später peinlich, sich an die Naivität zu erinnern, mit der man sich einmal vorbehaltlos einer Beethoven-Symphonie oder Violinromanze hingegeben hat. Manche (wie ich) haben eher mit Abwehr oder Widerstand reagiert. Beethoven polarisiert. Der Grund dafür mag darin liegen, dass Beethoven unbewusste Komplexe anspricht. Carl Philipp Emanuel Bach, Mozart und Haydn hatten die Musik revolutioniert, indem sie ihr Luft verschafften, die Sätze atmen ließen, unterschiedliche oder sogar gegensätzliche Themen nacheinander brachten und gegeneinander ausspielten. Die Themen wurden Träger von „Komplexen".

Mit den unterschiedlichen Strukturen und Klängen kamen verschiedenste Gefühle in die einzelnen Sätze der Musik, sie boten nun Raum für Trauer und Jubel, für Kraft und Schwäche, für männliche und weibliche Gefühle, und auch für Pathos (*Pathetique*) oder spielerische wie besessene Verrücktheit.

Es ist genau, was C. G. Jung als „gefühlsbetonte Komplexe" bezeichnet hat. Das erste Thema eines Sonaten-Hauptsatzes wird oft als männlich aufgefasst, das zweite als weiblich (ich habe es als Anima-Thema bezeichnet). Anders als noch zur Zeit des alten Bach ge-

musik

wann das künstlerische Subjekt eine neuartige Autonomie und Unabhängigkeit von der Konvention – die Komponisten ebenso wie das, was im Hörer darauf anspricht, unser inneres ästhetisches Subjekt. Man geht sozusagen in diese Musik hinein und erlebt in ihr, ohne sich darüber Rechenschaft abzulegen, die ungezählten Facetten des Innenlebens.

In der späten Klaviersonate op. 110 kann man so verschiedene Komplexe ausmachen: einen Ich–Komplex, einen Mozart–Komplex, und eine erst zerbrechliche (1. Satz), und dann erstarkende, tröstende Anima (3. Satz, klagender Gesang). Um es archetypisch zu sagen: Wir haben hier einen (schwachen) Helden (Ich-Komplex), einen Puer Aeternus (Mozart), und eine weibliche Instanz, die sich wandelt und Erlösung bringt. Dies enthält eine Erfahrung, die Beethoven erst machen musste – mit dem Ende seiner heroischen Haltung.

Beethovens postheroische Zeit

Beethovens eigene postheroische Zeit, wie ich sie nenne möchte, beginnt spätestens 1803 oder 1804. Er plant nach Paris zu ziehen, zu Napoleon, doch er zerreißt die Widmung an ihn. Beethoven ist unglücklich verliebt. In derselben Zeit arbeitet er an seiner Oper *Leonore*, die dann *Fidelio* heißen wird. Diese Oper, nach einem französischen Libretto (das wird Napoleon gefallen) und einer angeblich wahren Geschichte, handelt von der Liebe einer Frau, die so groß ist, dass sie ihren Mann im tiefsten Kerker sucht, auf-sucht, um ihn zu befreien und zu retten.

Leonore, die Frau des Florestan, verkleidet sich als der Mann Fidelio und nimmt einen Job im Gefängnis an, weil sie ahnt, dass ihr Florestan dort eingesperrt ist. Florestan ist unschuldig, er ist ein Held, weil er „die Wahrheit gesagt" hat. Er wird vom betrügerischen Gouverneur Pizarro heimlich gefangen gehalten und soll verhungern. Als sich der Minister ankündigt, der das Gefängnis inspizieren will, beschließt Pizarro, den gefesselten Florestan zu ermorden und die Spuren zu verwischen. Fidelio soll, zusammen mit dem Gefängnisdirektor, drunten im Kerker ein Grab ausheben.

Die Oper ist ergreifend. Ich kann auf Einzelheiten der auch psychologisch hochinteressanten Fabel nicht eingehen. Sehr bemerkenswert ist, wie sich die Dynamik der Animagestalt Leonore entfaltet. In der Hosenrolle als Fidelio ist sie ja ein attraktiver junger Mann (mit weiblichen Zügen), und Marzelline, die Tochter des Gefängnisaufsehers verliebt sich in ihn. Das Fremde und das Gleiche ziehen einander an, es ist eine Liebe unter Frauen, die jedoch schon dem Männlichen begegnen. Als Marzelline erkennen muss, dass ihr geliebter Fidelio eine verheiratete Frau ist, bricht für sie eine Welt zusammen, doch zuletzt stimmt sie in den Jubel über die „Eheliche Liebe" ein.

Es geht um die Differenzierung weiblicher Gefühle in Beziehung auf das andere Geschlecht. Beethoven hat diese Musik mit mehr als handwerklicher Leidenschaft gestaltet, und ich glaube, dass es ihm wirklich um die Sache gegangen ist: die weibliche Psyche und die Notwendigkeit weiblicher Emanzipation. Doch es geht auch um den Mann Beethoven selbst. Wenn ein weibliches Wesen, sei es real oder als seelische Gestalt, den in seinem Dissidenten-Trotz gefangenen Helden erlösen will, dann muss sie sich ihm zunächst anverwandeln. Mehr noch: Wenn der gescheiterte Held in der Depression darnieder liegt und „verhungert", dann muss seine Anima aus Liebe kämpferisch werden und gegebenenfalls sogar zur Waffe greifen, um den inneren Tyrannen zu ermorden. Ohne das ist auch keine männliche Individuation möglich.

Hier geschieht etwas Neues in der Musik- und Kulturgeschichte. Man kann sagen, ohne weibliche Emanzipation sind die Ziele der Großen Revolution nicht zu haben (das wäre eine objektstufige Deutung), oder subjektstufig: Auch der mutigste Held ist letztlich nichts ohne die Liebe. Sie allein kann ihn aus der Trostlosigkeit des inneren Gefängnisses erlösen, in das er geraten ist, weil „nicht alle Frühlingsträume reiften" (so Goethe in seinem Prometheus–Gedicht).

Das alles passt weder in eine „Bismarck-Symphonie" noch die Beethoven-Feste der

Nazis. Beethoven selbst hat seine „unsterbliche Geliebte" nicht heiraten können, vermutlich nicht nur wegen des Standesunterschieds. Doch scheint sich in seiner Seele etwas umgruppiert zu haben. Der Held gesteht sich seine Schwäche ein. Er ist nichts ohne seine Liebe.

In den späten Klaviersonaten wird übrigens der Gegensatz von „männlichem" erstem und „weiblichem" zweitem Thema ausgeweitet auf die Gesamtstruktur der Werke. Die letzte Sonate op. 111 hat überhaupt nur zwei Sätze, der erste ist heroisch, hat eigentlich nur ein Thema und endet schwach, der zweite ist „weiblich".

Es ist das Wunderwerk der *Arietta*, die das musikalische Subjekt durch Stürme tänzerischer und zarter Leidenschaft bis zur Verklärung führt.

Postheroisch – heute

„Wehe dem Land, das Helden braucht" (Brecht). Heute sind es weniger die Länder und Staaten als die Erde, welche Helden braucht, die zum Beispiel den Plastikmüll der Ozeane zusammensuchen oder sich dem zügellosen Waffenhandel entgegenstellen. Nach zwei Weltkriegen, dem Holocaust, nach dem Irakkrieg und dem Kollaps des Ostblocks und der Berliner Mauer glauben viele, das heroische Zeitalter sei nun zu Ende und überwunden. Auch ich habe mir das gewünscht. Doch Helden sind etwas anderes als Soldaten oder „Kämpfer" (wie die Terroristen des Islamischen Staates bei uns genannt werden), und auch anders als Heroen, deren Denkmäler in den Parks oder deren Gipsbüsten auf dem Klavier stehen.

Der Held ist ein archetypischer Wert in jedem von uns, sei er männlich oder weiblich. „Jeder ist zum Held geboren", hat Lutz Müller gesagt. „Fröhlich wie ein Held zum Siegen, laufet Brüder eure Bahn", hat Schiller im Lied an die Freude gedichtet, und Beethoven hat es vertont. Die Schwestern sind auch gemeint.

Ein heroisches Zeitalter war eines, in dem Menschenleben (und zwar viele, meistens die von jungen Männern) für einen kollektiven „Wert" „geopfert" wurden. Solche Gesellschaften gibt es bekanntlich immer noch, und sie führen einen asymmetrischen Krieg gegen die postheroischen Gesellschaften, die glauben, das alles hinter sich zu haben. Unsere Helden sind eher Gandhi, Mandela oder Mutter Theresa. Jeder hat seine Helden, ich zähle auch meine Frau Beate gern dazu. Der Beethoven des *Fidelio* wäre da mitgegangen. Er ist ein frühes Beispiel und Vorbild für männliche Individuation geworden. Nicht nur wegen seiner Musik bin ich froh, ihm immer wieder zu begegnen.

Literatur

Geck, M., Schleuning, P. (1989): „Geschrieben auf Bonaparte". Beethovens Eroika: Revolution, Reaktion, Rezeption. Reinbek u. Berlin
Kaiser, J. (1979): Beethovens 32 Klaviersonaten und ihre Interpreten. Frankfurt a. M.
Müller, L. (1987 2013): Der Held – jeder ist dazu geboren. er Held - Jeder ist dazu geboren: Die universale Heldenreise als Prozess der Selbst-Erfahrung. Stuttgart
Rasche, J. (1988): Prometheus. Der Kampf zwischen Sohn und Vater. Stuttgart, download opus-magnum.de
Rasche, J. (2004/2014): Das Lied des Grünen Löwen. Musik als Spiegel der Seele. Düsseldorf/Gießen
Uhde, J. (1970): Beethovens Klaviermusik II. Stuttgart

Jörg Rasche
Dr. med, Jg. 1950; Facharzt für Psychotherapeutische Medizin, Psychoanalyse, Psychotherapie; Kinderpsychiater und Jungianischer Analytiker; Lehrtherapeut Sandspiel DGST, ISST. Langjähriger Vorsitzender der DGAP und im Executiv Committee der IAAP, zuletzt deren Vizepräsident

Höheres gibt es nicht, als der Gottheit sich mehr als andere Menschen nähern und von hier aus die Strahlen der Gottheit unter das Menschengeschlecht verbreiten.

L. v. Beethoven

Die Zauberflöte

… Die Liebe leitet mich

6. Das Eros-Prinzip

Zwar gehören zu den Ritualen der Freimaurer immer schon „weibliche" Werte wie Schönheit, Mitgefühl, Güte und Liebe unabdingbar dazu, gleichzeitig wurde über viele Jahrhunderte hinweg angezweifelt, ob Frauen für eine höhere Einweihung auch geeignet seien.

Entgegen abwertender Äußerungen der Priester und des Sarastro geschieht in der Zauberflöte Außerordentliches:

Pamina und Tamino (Irma Urrila, Josef Köstlinger, Bergman-Filmversion, 1975) stehen vor ihrer entscheidenden Prüfung, der Begegnung mit den Urelementen Feuer und Wasser (Sonne und Mond), welche psychologisch als die Summe und Ganzheit aller spannungsreichen Polaritäten interpretiert werden können, aus denen der Mensch und das Leben bestehen. Diese polar-paradoxe Ganzheit des Selbst zu erkennen und aus ihr heraus zu leben, könnte eine der großen Aufgaben und Herausforderungen der zukünftigen Menschheit sein.

… Froh Hand in Hand in Tempel gehn'. Ein Weib, das Nacht und Tod nicht scheut, ist würdig und wird eingeweiht.

Nicht nur Tamino, sondern auch Pamina geht einen Einweihungsweg, auch sie geht den Weg der Treue bis zur Todesbereitschaft, auch sie ist bereit, sich der entscheidenden Prüfung zu stellen und mehr noch: Während Tamino bei dieser Endprüfung die Flöte spielt, nimmt Pamina ihn bei der Hand und führt ihn an, was geradezu eine Umwertung der traditionellen Rollenzuschreibung darstellt.

Pamina lenkt Tamino nicht durch männliche Zielstrebigkeit, sondern durch die Liebe, und Tamino schreitet geradezu meditativ und achtsam voran. So könnte man in Überspitzung den Satz des Sarastro fast umdrehen und sagen: *Eine Frau muss eure Herzen leiten, denn ohne sie pflegt jeder Mann aus seinem Wirkungskreis zu schreiten!* Wie sehr das männliche Prinzip aus seinem Wirkungskreis geschritten ist, zeigt unsere aktuelle krisenhafte Weltsituation.

Eine Parallele zur Rolle des Weiblichen in der Zauberflöte findet sich im Isis- und Osiris-Mythos. In der ägyptischen Mythologie war Isis Schwester und Gemahlin des Osiris. Osiris wurde von seinem Bruder Seth getötet und zerstückelt. Isis sammelte die über das ganze Land verstreuten Stücke des Leichnams ein und fügte sie wieder zusammen. Osiris wurde für eine kurze Zeit wieder lebendig und zeugte mit Isis einen Sohn – Horus – um dann für immer in die Unterwelt hinabzusteigen. Der Isis-Osiris-Mythos ist also ein Liebes-, ein Tod- und Wiedergeburts-Mythos.

Frau und Mann gehören wie Erde und Himmel, wie Nacht und Tag untrennbar zusammen. Papagena und Pamina singen: *Mann und Weib, und Weib und Mann reichen an die Gottheit an.*

… in den Worten der Liebenden: „Wir wandeln durch der Töne Macht froh durch des Todes düstre Nacht", wird die Musik der Zauberflöte zur höchsten Offenbarung der Vereinigung des Männlichen mit dem Weiblichen im Zeichen einer Weisheit des Herzens, die das Mysterium von Isis und Osiris andeutet." (Neumann 2005, S. 31)

Tango –
Begehren und Begegnen

Beate Kortendiek-Rasche

Wenn ich tanze, dann liebe ich.
(Osvaldo Cartery)

Tango: vier Beine, zwei Köpfe und ein Herz

Der Tango ist ein trauriger Gedanke,
den man tanzt.
– Dunkler Grund des Lebens
In den die weinenden Träume
hinabgleiten...
(Enrique S. Discépolo)

Das Thema Tango löst bei vielen widersprüchliche Gefühle aus, Fantasien über Erotik, Begehren, Sehnsucht, Dominanz und Unterwerfung und all die „Nöte der Frau/Mann-Beziehung".

Als ich selbst meine ersten Tangostunden nahm und davon Freunden erzählte, traf ich oft auf eine eher skeptische Reaktion: Olala! mit hochgezogenen Augenbrauen oder: Wie, solch einen Macho-Tanz lernst Du?! Oder: Na, dann meldet euch doch mal besser zur Paartherapie an! Hätte ich vom Salsa- oder Walzertanzen erzählt, keine dieser Bemerkungen wäre gekommen.

Meine große Faszination durch den Tanz und die Musik konnte auch ich zunächst kaum benennen. Inzwischen verstehe ich vielleicht etwas mehr, aber die „Bezauberung" ist nach wie vor da. So erlebe ich es als tief beglückend, manchem Tango-Paar bei ihrem Tanz zuzuschauen oder auch selbst die Momente von „Fusion" mit dem Tanzpartner und der Musik zu erleben meist mehr als Ahnung denn Vollendung.

Im Folgenden werde ich versuchen, mich mit Worten, Bildern und Gedanken dieser Musik zu nähern, aber eigentlich muss man sie erleben, hören, vielleicht auch spielen oder singen und immer wieder tanzen!

Über den Tango schreiben zu wollen ist ähnlich, wie über die Beziehung von Mann und Frau schreiben zu wollen, eine nicht endende Geschichte in ihren Facetten von Liebe, Sehnsucht, Verletzung, Schmerz, Leidenschaft und dann wieder den Momenten der „Conjunctio" von Gegensätzlichkeiten und der Umarmung, die Schutz und Trost gibt.

Über den Tango zu schreiben, heißt für mich aber auch, die Moderne zu reflektieren. Die Themen von Heimatlosigkeit, Entwurzelung, Vergänglichkeit sind ebenso präsent in den Tango-Texten wie die Nöte von Mann und Frau.

Der Tango konfrontiert in Liedern und Haltung mit einem Kontrastprogramm. Gesungen wird oft in „Lunfardo", dem doppeldeutigen und bildreichen spanischen Slang der Vorstädte. Die besungene Welt der frühen Tangos sind Bordell und Spelunke, Ganovenmilieu und Prostitution. Obszönität, Rebellion, Anklage und Trauer finden Bilder von zarter Zerbrechlichkeit und tiefer Poesie, die zugleich in Melodie und Tanz gestaltet werden.

Um diese Widersprüchlichkeit besser verstehen zu können, muss man etwas über die Entstehungsgeschichte des Tango wissen.

Geschichte des Tango

Das Bandoneon ist Stimme und Herz des Tango. Es drückt Ergriffenheit, Unruhe, Ängste, Hoffnungen, Humor, Trauer, Lebensfreude und Hilflosigkeit angesichts des Todes aus. Es ist die klagende und verletzbare Stimme, die die Einsamkeit, die Erwartung und die Suche nach der Identität des Portenjo zum Ausdruck bringt. (Tomas Barna)

Tango ist nicht nur ein Tanz! Er ist Dichtung, Musik, Lebensphilosophie, eine Gestaltung von Erleben, die sich als eigenständige Kulturform der armen Einwohner Argentiniens und Uruguays Ende des 19. Jahrhunderts in den Großstädten Buenos Aires und Montevideo am Rio de la Plata entwickelte.

Der Tango und seine Lebensphilosophie sind untrennbar verbunden mit der Geschichte dieser Region und ihrer Einwohner, vor allem der Geschichte Argentiniens. Es ist eine Geschichte von Kolonialisierung, Bürgerkriegen und Militärdiktaturen, von entrechteten Indios, enttäuschten und demoralisierten Einwanderern, gescheiterter Hoffnung, Erfahrung von Folter, Terror und wirtschaftlichem Desaster, eine Erfahrung, die bis in unsere Zeit hineinreicht.

Zuerst gesungen, gespielt und getanzt wurde der Tango in den Vorstädten, den arrabals, der rasant wachsenden Metropole Buenos Aires. In La Boca, Barracas oder La Thelma begegneten sich die verschiedensten Kulturen. Zum einen waren es die Gauchos, arbeitslos gewordene Viehhirten, die in die Städte strömten, und mit entlassenen Soldaten, unter denen auch viele ehemalige schwarze Sklaven waren, und den Hafenbewohnern den kreolischen Anteil der Bevölkerung stellten. Ihnen begegnete ein zunehmender Strom von Einwanderern aus Europa, vor allem aus Italien und Spanien, aber auch aus Deutschland, Frankreich und Osteuropa. Die meisten von ihnen waren junge Menschen, vor allem junge Männer, die mit Versprechungen auf eine großartige Zukunft ins Land gelockt worden waren. Sie brachten ihre Vitalität mit, ihre Musik, ihre Tänze, ihre Instrumente (das Bandoneon!) und Heimweh und Sehnsucht nach „der alten Welt".

So entstand eine ganz eigene Musik und Tanzform, die afrikanische Elemente – Rhythmus des Candombe oder der kubanischen Habanera (auch als Danza später als Tango andaluz bezeichnet) – mit spanischen Elementen vom Fandango und Contredanca und Tanzfiguren von Polka, Mazurka und Chotis mischte. Das kreolische Element war die Milonga, eine Liedkultur, die auf die „Payadores" zurückging, Stegreifsänger, die in den weiten Pampas herumzogen und an den Lagerfeuern der Gauchos Geschichten in Liedform erzählten. Diese Form der mündlich tradierten Geschichte und Geschichten wurde auch in den Vorstädten beibehalten. Man traf sich zur „Milonga" und bald tanzte man auch zu den vorgetragenen Liedern oder dann auch bald nur zur Musik. Getanzt wurde meistens die Danza-Habanera in enger Umarmung, ein sentimental melodischer Tanz im 2/4-Takt.

Doch zurück zur Situation der Einwohner der arrabals.

Die arrabals – Städte von Sehnsucht, Enttäuschung und Melancholie

Ende des 19. Jahrhunderts hatte sich in Argentinien eine kleine Oberschicht von 200 reichen Viehzüchterfamilien herausgebildet, die gemeinsam mit der katholischen Kirche und einer Gruppe ausländischer Investoren und Händlern die politische Macht innehatte und Kultur und gesellschaftliche Norm bestimmte.

Es war die Zeit der frühen Industrialisierung. Die Erfindung von Kühltransporten und der Dampfschifffahrt hatte zu immensem Reichtum geführt und der Gier nach weiterem Wachstum. Eine expansive Einwanderungspolitik wurde betrieben. Einwanderer aus Europa wurden angeworben und sollten die Pampas, die weiten Weideflächen besiedeln. Diese Menschen wurden wie Vieh gehandelt: Schiffe fuhren mit Rindern nach Europa und kehrten mit Einwanderern zurück. Der Traum vom eigenen Land und einer autonomen Existenz ging jedoch für die meisten Einwanderer nicht in Erfüllung. Sie blieben in den Vorstädten hängen, in einem Milieu von Mietskasernen, Armmut, Arbeitslosigkeit, Kriminalität und Bandenwesen.

Die Einwanderer brachten jedoch nicht nur ihren Wunsch nach einer besseren Zukunft mit, sondern auch ein gesellschaftskritisches Bewusstsein. Viele der einwandernden Spanier und Italiener waren überzeugte Anarchisten, die Nord- und Osteuropäer oft tief verwurzelt in der sozialistischen Arbeiterbewegung. So kam es schon in den zwanziger Jahren des 20. Jahrhunderts zu Massenstreiks und Demonstrationen, die von den Regierenden brutal niedergeschlagen wurden. Diese Erfahrung von gescheiterten Hoffnungen war einer der Nährböden für die Melancholie vieler Tangotexte. Das Lied von der verführerischen Frau, die dann eiskalt den Geliebten verlässt – ein immer wiederkehrendes Motiv –, beruhte nicht nur auf persönlicher Erfahrung, sondern wurde zum Symbol für die Liebesgeschichte des jungen Einwanderers mit Argentinien. Die Sehnsucht nach dem alten Stadtteil und der Mutter, ein anderes häufiges Motiv, steht für das Heimweh dieser Menschen.

Mit Industrialisierung, Zunahme von Handel und Ackerbau waren viele der Gauchos arbeitslos geworden. Auch sie suchten ihr Glück in der Großstadt. Diese Viehhirten, häufig mit indigenen Wurzeln, brachten ihre eigene Kultur und Stolz mit. Sie waren die „Taitas, Compadres und Compadritos", die als klar strukturierte Gruppe, ähnlich der Mafia, die Macht in den Vorstädten innehatte. Sie verdingten sich zunächst oft als Hilfsarbeiter. Viele von ihnen blieben aber arbeitslos und versuchten als Zuhälter, bezahlte Schläger oder Kleinkriminelle zu überleben. Von ihnen kam vor allem die typische Kleidung des Tangotänzers – Stiefel, weite Hose, Jackett mit Weste und der Schlapphut. Sie steuerten den Stolz und die Zurschaustellung von Männlichkeit, auch Machoismus der Tangomischung bei.

Beide Gruppen standen sich eher zurückhaltend, ja bisweilen feindlich gegenüber und trugen ihre Rivalität um Frauen – die waren in der absoluten Minderzahl – und Einkünfte auf dem Tanzboden aus. Nicht selten kam es aber auch zu Messerstechereien, dem kreolischen Duell. Bei aller Misere war Haltung und Persona gefragt, was nachhaltig den Tangostil beeinflusste. Einwanderer und Gauchos waren kein

Foto: © Helder Sousa - Fotolia.com

Lumpenproletariat und so eine Gruppe, die in der Lage war, einen eigenen Lebensstil, Musik und Kultur zu entwickeln. Der Tango gilt daher als authentische Volkskultur der Moderne, die sich trotz Veränderungen lebendig kreativ erhalten hat.

Auch Tango-Welten ändern sich
Der Tango? Das sind gelangweilte Gesichter und Hintern, die sich vergnügen (G. Clemenceaux).

… ein Tanz ohne Ausdruck, monoton, im stilisierten Rhythmus der Paarung. … Langsam, mit schleppenden Füßen, im Schritt eines weidenden Ochsen, scheint ihm die Sinnlichkeit die Anmut der Bewegungen genommen zu haben, hat er den Ernst des Menschen, wenn er sich fortpflanzt (Ezequiel M. Estrada, 1933).

Zunächst wurde diese Subkultur der armen Vorstädte vom Bürgertum tabuisiert, von der katholischen Kirche verboten (das änderte sich erst, als der berühmte Tänzer Casimiro Ain dem Papst vortanzen durfte!) und von Kulturkritikern diffamiert. Da die Beliebtheit dieser Musik aber immer mehr zunahm, vor allem auch bei den bürgerlichen Jugendlichen als „Verbotenes" zunehmend interessant wurde, änderte sich bald auch die öffentliche Einstellung.

Die Tango-Musiker lernten Noten zu lesen und zu schreiben und wurden zunehmend virtuoser. Die ersten Tangos wurden gedruckt, bald auch in den aufkommenden Medien, Radio, Film und Schallplatte aufgenommen und verbreitet. Die ungeschminkte Darstellung der Lebensumstände in der Vorstadt wurde von Obszönität gereinigt und vielfach durch Nostalgie ersetzt. Sängerinnen traten auf und Frauen waren nicht mehr die „Schlampen und an der bürgerlichen Moral gescheiterten Mädchen". Eher wurden sie zu Animafiguren, die unerreichbar waren, Objekte der Sehnsucht und Identifikation. Der Tango blieb jedoch trotz aller Kommerzialisierung und Anpassung eine Musik und Kultur des Volkes. Ihre Sängerinnen waren einfache Näherinnen gewesen, ihre Sänger kamen aus ärmsten Bedingungen wie der berühmte Carlos Gardel, der als Sohn einer ledigen Mutter eingewandert war und auf dem Großmarkt gearbeitet hatte. Mit seinem Erfolg identifizierte man sich als einem der „Unserigen".

Tango Argentino wurde ein Exportartikel, trat als Salon Tango in den „goldenen Zwanziger Jahren" einen Siegeszug durch die europäischen Metropolen an und bekam durch Astor Piazzolla einen Platz an den Musikhochschulen. Mit der Weltwirtschaftskrise und dem „Zweiten Weltkrieg" wurde er dann wieder ein eher argentinisches Phänomen. Er überlebte Militärdiktaturen und Peronismus und war manchmal patriotisches Aushängeschild. Zu rebellische, die soziale Lage der Bevölkerung anklagende Texte, waren allerdings nicht erwünscht und oft auch verboten.

Bis in die späten 50er Jahre erlebte der Tango in seiner Musikalität aber eine wahre Blütezeit. Es sind Tangos aus dieser Zeit, die noch heute die klassischen Milongas erfreuen. Was Tango spezifisch blieb, war die Melancholie, die Sehnsucht und die Trauer um Verlorenes, gepaart mit Stolz und Würde, dem „Trotzdem". Im psychoanalytischen Sinne könnte man von der „Einnahme der depressiven Position" sprechen.

In den 70er Jahren entwickelten sich weltweit die verschiedenen Befreiungsbewegungen, so auch in Argentinien. Nach dem Vorbild Che Guevaras und Kubas kämpfte man für gerechtere Verteilung des Reichtums, Verbesserung der Lebenssituation der armen und weitgehend entrechteten Bevölkerungsschichten und für eine politische Veränderung. In diesen Jahren verlor der Tango an Bedeutung. Zwar klagte er bestehende Verhältnisse an, doch Aufruf zur Veränderung oder gar Revolution war in den Texten die absolute Ausnahme geblieben. So sprach man schon vom Tod des Tango!

Doch dann scheiterten die Befreiungsbewegungen, verloren sich in Verzweiflung und Gewalt, unterdrückt durch militärischen Putsch und Intervention von außen. Brutale Militärjuntas vertrieben und ermordeten Tausende von Andersdenkenden in Chile und Argentinien,

… und zurück kam der Tango!

Phönix aus der Asche

In der Auseinandersetzung mit Südamerika, seiner Geschichte und dem Erleben des Scheiterns der Befreiungsbewegungen war man auch auf die Subkultur des Tango gestoßen. In Berlin begann alles mit einer Ausstellung im Künstlerhaus Bethanien – einem ehemals besetzten Haus. Das Thema war Tango-Melancholie der Vorstadt. War es die eigene Melancholie über die ausgeträumten Träume der Studentenbewegung? War es die Begegnung mit den vielen Exilanten aus Chile und Argentinien und ihrer gescheiterten Hoffnung? War es die Einsicht, dass die freie Sexualität und Frauenemanzipation nicht wirklich zu einer Veränderung von Liebe und Paarbeziehung geführt hatte? War es das zunehmende Bewusstsein über die ökologische Katastrophe?

Jedenfalls trat die neue Generation einen Weg nach innen an und entdeckte für sich wieder Erotik, Weiblichkeit und Männlichkeit und den Paartanz. Man entdeckte den Tango wieder mit seiner Schönheit, Eleganz und seinem Rollenverständnis vom Führen und Folgen über Impuls geben und Impuls aufnehmen.

Die studentenbewegten Männer und ehemalige Stadtguerilla zogen Anzüge an, pomadisierten sich die Haare und lernten Tango tanzen mit ihren feministischen Frauen, die Lederjacke, Latzhose und Clogs gegen Highheels und rückenfreie Kleider getauscht hatten.

Eine blühende Tangoszene entwickelte sich, die in Berlin nochmals besonderen Schwung nach dem Fall der Mauer bekam. Auch die Frauen der ehemaligen DDR hatten ein Nachholbedürfnis, was Weiblichkeit und Erotik anging, auch für sie waren die Paarbeziehungen trotz wirtschaftlicher Autonomie und einem anderen Selbstverständnis nicht einfacher geworden.

Erst nach drei Jahren konnte ich mich wieder führen lassen. All meine hart erworbene Emanzipation musste ich beim Tango ablegen!

Ich traue es mich kaum zu sagen! Als älterer Mann genieße ich es, einmal wieder den grazilen Körper einer jungen Frau in den Armen zu halten. Das ist auch ein Grund für mich, Tango zu tanzen.

Berlin hat heute die zweitgrößte Tangoszene nach Buenos Aires!

Auch in Argentinien gab es eine Rückwendung nach innen und Wiederentdeckung der Tangokultur, nachdem die letzte Militärjunta überwunden war, aber das wirtschaftliche Desaster der Folgejahre zu einer Isolation und Deprivation Argentiniens geführt hatte. Der Tango Argentino wurde wieder einmal zum Exportartikel und half, Würde und Selbstachtung zu bewahren.

War der Tango zunächst eine Subkultur gewesen, so ist er heute zu einer weltweiten Kultur der Städte geworden. Ob Istanbul, Tokio, New York, Rom oder St. Petersburg – überall wird Tango getanzt. Es gibt eine neue Gemein-

Dancers of Tango Argentino, wikimedia. org

schaft von Tangueras und Tangueros, die auf der Suche nach neuem Rollenverständnis im Paartanz sind, nach Individualität in einer dialogischen Form, nach einer Heimat, die kein Ort ist, sondern in der Bezogenheit auf eine gemeinsame Kultur erlebt wird.

Der Tanz: Begehren und Begegnen

Schon Monsignore Duchesne fragte in den 30er Jahren des frühen Tango: Der Tango ist ja schön, aber warum wird er denn eigentlich im Stehen getanzt?

Der argentinische Tango, so wie er in Paris praktiziert wird, ist ein langsamer, aristokratischer, keuscher und komplizierter Tanz. Die Paare zählen ihre Schritte mit außerordentlicher Sorgfalt. Der kleinste Fehler, und alles ist verloren. Jede Geste entspricht einer strengen und unveränderten Regel. Und es gibt keine einzige seiner Bewegungen, in der Form keine einzige, die nicht das züchtigste Fräulein ausführen könnte (Enrique G. Carillo, 1918).

Ja wieder steht da die Frage für mich: Was macht denn die Musik und den Tanz so attraktiv für mich und so viele andere?

musik

Der Tango ist ein noch relativ junger Tanz. Tänze als rituelle Kreistänze gehen bis in die früheste Menschheitsgeschichte zurück. In allen alten Kulturen dienten Tänze der Rückverbindung mit dem Kosmos. In dem Sinne gab es auch Paartänze als das Erscheinen von männlichem und weiblichem Prinzip und ihrer Vereinigung.

Die Geschichte des Paartanzes als Begegnung von Mann und Frau als Individuen beginnt aber erst in der höfischen Kultur des Mittelalters in Europa, eine Entwicklung, die dann im Walzertanzen im 19. Jahrhundert ihren ersten Höhepunkt fand.

Der Tango bringt eine entscheidende Weiterentwicklung – man könnte auch sagen Herausforderung für das Paargeschehen: Er wird getanzt in engster Umarmung und ist dabei ein improvisierter Tanz. Es gibt zwar Figuren, aber der Tango lebt vom Dialog des Paares, ihrer Einfühlung in die Musik und für einander.

Der klassische Tango (nicht Milonga oder Vals) steht im 4/4-Takt mit Synkopen, die zu Momenten der Verzögerung führen und dadurch Spannung und Konzentration im sonst sehr flüssigen Schreiten entstehen lassen. Die Momente der Verzögerung geben den Raum für Verzierungen und Figuren.

Der Führende, traditionsgemäß der Mann, gestaltet den Außenraum, interpretiert die Musik als Bewegung auf der Tanzfläche. Er bietet der Folgenden, traditionsgemäß der Frau, Schutz und Raum für die Ausführung von Figuren, der Gestaltung des Innenraumes. Für beide ist es ein Dialog der Körper, ein Gespräch ohne Worte und erfordert hohe Aufmerksamkeit für den anderen und Rezeptivität.

Der 4/4-Takt ist in der Musik immer mit der Erdhaftigkeit verbunden und tatsächlich spielen die Füße im Tango eine zentrale Rolle; angefangen bei der ausgesuchten Schönheit von Tangoschuhen für Mann und Frau – fast ein Mythos – über die Zärtlichkeiten und Flirts, die nur mit den Füßen ausgetauscht werden bis hin zu dem Malen der Füße. Manche berühmten Tänzer der alten Garde schrieben angeblich ihre Namenszüge mit dem Absatz auf die Tanzfläche. Symbolisch kann man den 4/4-Takt vielleicht als die Suche nach der Heimat verstehen, die Synkopen, Schnitte oder Cortes, als den Moment des doch nicht wirklich Ankommens, der Verunsicherung und der Sehnsucht, vielleicht auch als Moment des Innehaltens und Bewußtwerdens.

Im Tanz wird immer wieder das eigene Gleichgewicht hergestellt und die Bezogenheit zum Partner. Ist man für eine Figur weggegangen, sucht man gleich wieder die Nähe herzustellen. Psychoanalytisch gesehen könnte man hier das Spiel von Mutter und Kind in der „Wiederannäherungsphase" sehen. Es werden eigene Schritte ausprobiert, um gleich wieder in die Geborgenheit der mütterlichen Urbeziehung zurückzukehren.

Im Konzept der Analytischen Psychologie C. G. Jungs würde man diesen Prozess aber in einem noch weiteren Sinn interpretieren. Außer dem Weg der Individuation, der eigenen Schritte, sind es der Archetyp des Paares und der Conjunctio von Gegensätzlichkeiten im Unus mundus, die sich im Tango konstellieren. Zwei eigenständige Individuen, getrennt durch ihre Unterschiedlichkeit biologisch und sozial, können vermittelt durch ein Drittes, nämlich die Musik, sich als Einheit erleben, einen Moment stilisierter Liebe im Tanz leben.

In dem bekannten Film von Sally Potter *Tango Lesson* wird das Tango-Erleben nicht nur zur Begegnung von zwei Menschen, sondern auch zur Begegnung mit dem anderen in einem selbst, denn Begehren ist das Begehren des Anderen, wie es bei dem französischen Analytiker Lacan heißt.

You are me and I am you.
One is one and one are two.

Das ist der Refrain des Tangotextes, der zentral in diesem Film steht und sicher einer der schönsten getanzten Tangos im Film überhaupt ist. Er beschreibt die Möglichkeit, sich in der Nähe der Körper ohne Worte zu verstehen und eine Verbindung zu erleben, die vermittelt durch die Musik zum spirituellen Erlebnis wird.

Das Überwinden von Getrenntsein bezieht sich dann nicht nur auf das Tanzpaar, sondern auf das Erleben, aufgehoben zu sein in einem größeren Sinn gebenden Zusammenhang. Das Wissen um die Alleinheit oder, dass wir aus Sternenstaub sind, wird im Tanz als mystische Erfahrung in der Beziehung zum Du zur Welt erlebt.

Zuletzt noch einmal zum Paar und der Begegnung vom weiblichen und männlichen Prinzip. Nach einigen Jahren des Feminismus und den sozialistischen Ideen von der Gleichheit aller Menschen scheint es notwendig geworden zu sein, Männliches und Weibliches als gegensätzliche sich ergänzende Pole neu zu verstehen. Man trifft das andere im Außen,

Anima oder Animus, um den eigenen weiblichen oder männlichen Anteil auch im Inneren zu erkennen und zu verwirklichen. Beide Geschlechter bedürfen der Wertschätzung in ihrer Besonderheit.

Schon immer hat der Tango mit Konventionen gebrochen und durch Wandlungsfähigkeit überlebt. Es werden neue Rollen von den Tänzerinnen und Tänzern ausprobiert, was oft noch mehr Können voraussetzt. Es tanzen gleichgeschlechtliche und heterosexuelle Paare und im gleichen Tanz wechseln Führende und Folgende die Rollen. Es können die unterschiedlichen Stile gemischt werden und der Nuevo Tango bringt musikalisch und instrumental Neues und Ungewohntes.

Die Geschichte des Tango ist noch lange nicht zu Ende. Vieles bleibt auch in meinem Beitrag ungesagt.

El tango es una forma de ser (Horazio Ferrer), ... das Leben ist ein tango! (Carlos Boldori).

Danksagung: Dank an Dr. Susanne Rothmaler für ihren Vortrag in der C.G. Jung-Gesellschaft Berlin. Dank an meinen Ehemann Dr. J. Rasche, bei dem ich viel über Musik erfahren habe, speziell über den 4/4-Takt und die Synkopen. Dank an meine Tango-Lehrer, die Tänzer und Tänzerinnen.

Literatur
Egger, Birgit (1997): Paartanz und Gegensatzvereinigung. Tango argentino in tiefenpsychologischer Beleuchtung. Diplomthesis am Jung-Institut Zürich
Bruzzero, G. & Vela, A. (2008): Tango - Colleciones für Tanzende, books on demand
Reichard, D. (1984): Tango. Berlin
Künstlerhaus Bethanien: Melancholie der Vorstadt: Tango (Ausstellungskatalog 1982)

Beate Kortendieck-Rasche
Frauenärztin und Paartherapeutin in eigener Praxis, Berlin

musik

Die Zauberflöte

*Die Strahlen der Sonne
vertreiben die Nacht ...*

7. Erleuchtung

*Wenn er des Todes Schrecken überwinden
kann, schwingt er sich aus der Erde himmelan.
Erleuchtet wird er dann imstande sein, sich
den Mysterien der Isis ganz zu weih'n.*

Das Ziel der „Zauberflöte" ist die Einweihung
in die Tod- und Wiedergeburts-Mysterien von
Isis und Osiris, die aber in der Oper inhaltlich
nicht näher erklärt werden.

In den Freimaurerritualen geht es um „Tod
und Wiedergeburt": die Geburt des „neuen
Menschen" im Hinblick auf Werte wie Selbsterkenntnis, Weisheit, Stärke, Gerechtigkeit, Liebe,
Schönheit, dem wohltätigem Wirken in der Welt
und einer vertieften individuellen Beziehung zum
Spirituellen. Der allmähliche Aufstieg auf die Py-
ramide und die fortwährende Arbeit am Stein
symbolisieren die zunehmende Differenzierung,
Bewusstheit und Reifung des Einzelnen zum
Wohle der ganzen Menschheit. Die Sonnensym-
bolik ist dabei das archetypische Vorbild des
Einweihungsweges,

Foto: © Jürgen Fälchle - Fotolia.com

Die Sonne und das Licht sind seit Urzeiten Symbole
für schöpferische Lebensenergie, für Bewusstsein
und Erkenntnis, für transpersonale und religiöse Erfahrung. Aus solchen Erfahrungen kann sich für den
Menschen auch ein höherer Lebenssinn und eine
sinnvolle Lebensaufgabe ergeben: das Leid der
Welt zu mindern und der Evolution des Bewusstseins zum Wohle aller Lebewesen zu dienen.

*... in welcher der Held das zu erreichende Bewusstseinsprinzip vertritt, das sich im Kampf gegen
die Dunkelmächte des Unbewussten zu bewähren hat. ... Der «Gewinn» der Einweihung, ihr Sinn
und Ziel, liegt in der Erweiterung der Persönlichkeit, die als Erleuchtung immer auch die Erweiterung des Bewusstseins miteinschließt. Dabei ist das Symbol des erworbenen Schatzes ebenfalls
stets im Sinne der Persönlichkeitswandlung zu verstehen ...* (Neumann 2005, S. 5/6)

Die Analytische Psychologie hat in mancherlei Hinsicht die alte hermetische, freimaurerisch-
rosenkreuzerische Mysterien-Symbolik neu beschrieben, interpretiert und erweitert. Die Einwei-
hungsaufgaben beziehen sich hier auf die geduldige und engagierte Auseinandersetzung mit
den vielschichtigen Dimensionen der Psyche, den bislang unbewusst gebliebenen Aspekten der
Persönlichkeit (Bedürfnisse, Triebe, Emotionen, Potenziale, Komplexe, Persona, Schatten etc.),
mit den gegengeschlechtlichen Anteilen (Anima, Animus) und der polar-komplex-paradoxen
Ganzheit des Selbst, dem „mysterium coniunctionis".

Literatur: Assmann, J. (2005): Die Zauberflöte. Hanser; Frietsch, W. (2010): Die Traumfahrt der Zauberflöte. opus magnum; Müller, L. (2013) Der Held. opus magnum; Neumann, E. (2005): Mozarts Zauberflöte. www.opus-magnum.de

Musik und Achtsamkeit

Anna Röcker

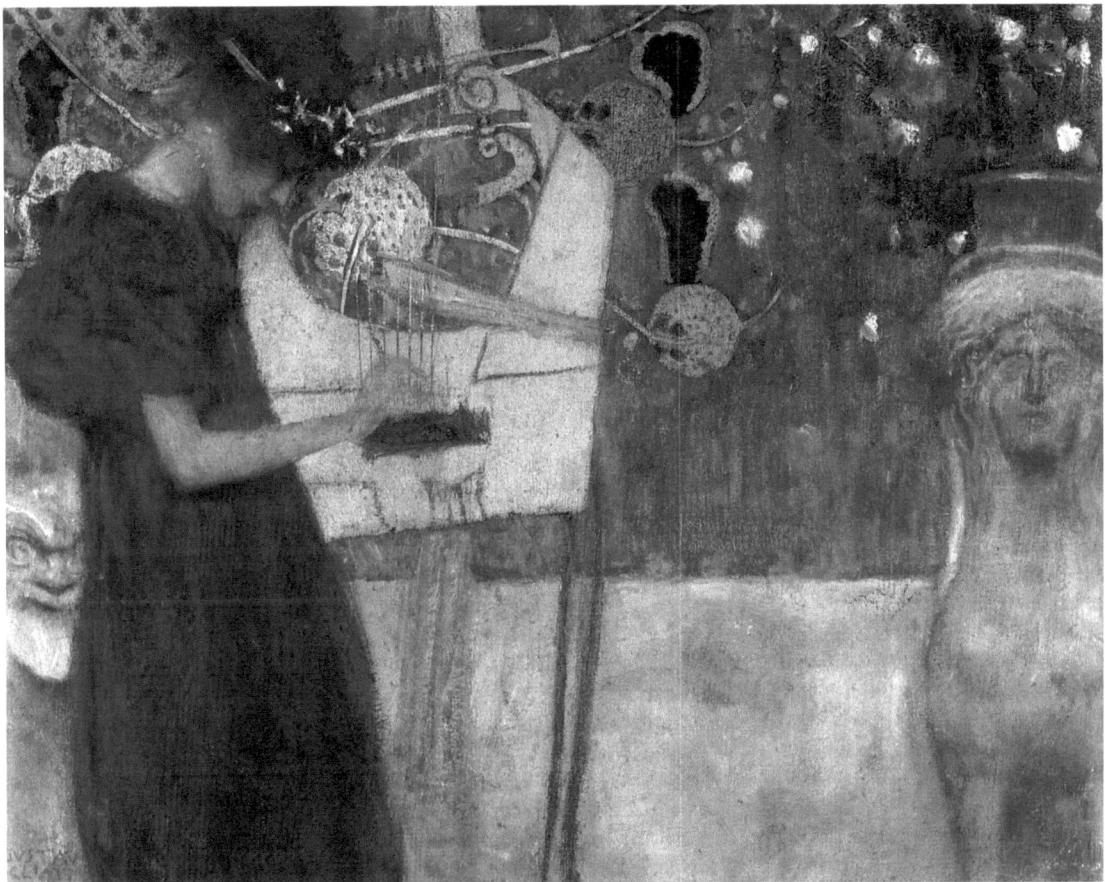

Gustav Klimt, 1862 - 1918, „Die Musik", Neue Pinakothek, München (www.visipix.com)

Musik und Achtsamkeit stehen von Natur aus in enger Verbindung. Der Philosoph und Schriftsteller Jochen Kirchhoff (geb. 1944), der sich intensiv mit klassischer Musik als Weg der Bewusstseinsentwicklung des Menschen auseinandergesetzt hat, schreibt: *Unser Gehör hat eine naturgegebene Disposition zum „Messen" von Tönen, wobei dieses Messen mit verblüffender Exaktheit erfolgt; denn schon kleinste Abweichungen werden als solche registriert.* (Kirchhoff 2010, S. 73)

Die Fähigkeit der Achtsamkeit basiert auf der Tätigkeit der Sinne, im Falle der Musik auf der Fähigkeit zu hören. Der Hörsinn nimmt unter den Sinnen eine gewisse Vorrangstellung ein. Er wird als erstes entwickelt; erste akustische Signale, wie die Stimme der Mutter, werden vom Embryo schon nach wenigen Wochen wahrgenommen. Damit trägt er schon in der frühen Entwicklung des Menschen zur Kommunikation mit der Außenwelt und zur Bewusstseinsentwicklung bei, eine Aufgabe, die er zeitlebens behält. Physikalisch gesehen haben wir es immer mit Schallwellen zu tun, die unser Ohr erreichen. Sie werden durch den Gehörsinn wahrgenommen und im Gehirn analysiert und bewertet. Der Hörsinn und die verschiedensten Gehirnaktivitäten stehen in enger Verbindung, so auch mit dem limbischen System, dem Zentrum der Gefühlsverarbeitung.

Schallwellen können sich aber nicht nur in der Luft, sondern auch in Flüssigkeiten oder in festen Stoffen fortpflanzen. Unser Körper, der sowohl aus Wasser als auch aus festen Stoffen besteht, ist damit ein ideales Medium.

Wenn eine Trommel nahe an Ihren Körper gehalten und geschlagen wird oder wenn eine Klangschale auf Ihrem Körper in Schwingung versetzt wird, können Sie leicht spüren, wie sich die Schwingung auf den ganzen Körper überträgt. Das heißt, Sie hören dann nicht nur mit den Ohren, sondern mit Ihren Knochen und Körperflüssigkeiten. So erklärt sich, dass gehörlose Menschen bis zu einem gewissen Grad Musik „hören" können.

Musikerfahrung ist also eine über das Hören hinaus erweiterte ganzheitliche Wahrnehmung. Diese erweiterte Wahrnehmung ist auch das Wesen der Achtsamkeit selbst. Im Gegensatz zur Konzentration geht es bei Achtsamkeit um Erweiterung. Einen Text konzentriert zu lesen kann bedeuten, dass wir unseren Körper nicht mehr wahrnehmen, nicht mehr spüren, ob wir müde oder überanstrengt sind usw. Lesen wir einen Text aber achtsam, sind wir mit Leib und Seele dabei, spüren uns selbst genauso wie wir das Gelesene erfassen.

Achtsamkeit gewinnt heute eine größere Bedeutung. In einer Zeit, in der die Fokussierung auf die Medien und damit auf das Außen immer stärker wird, leiden die Menschen zunehmend unter Überforderung, Orientierungslosigkeit Stress und Burn-out-Problemen. Achtsames Hören ist in unserer Zeit, in der Geräusche und Musik allgegenwärtig sind, besonders wichtig, um dem unbewussten Überflutet-Sein entgehen zu können.

Es gibt mehrere Gründe dafür, das achtsame Musikhören zu „trainieren":

Musik kann leichter als Wort oder Bild ganzheitlich wahrgenommen werden, da wir mit dem ganzen Körper hören. Hören wir die Musik achtsam, wird uns auf allen Ebenen ihre Wirkung bewusster. Wir nehmen wahr, wie sie über den Rhythmus auf den Körper wirkt. So können wir spüren, ob wir angespannt sind, ob unser Körper mehr Beweglichkeit, Leichtigkeit oder Stabilität braucht.

Hören wir die Musik achtsam, nehmen wir wahr, wie sie auf unsere Gefühle wirkt. Goethe, der ein großer Musikliebhaber war, schreibt an seinen Freund Zelter: *Dur... treibt ins Objekt, zur Tätigkeit, in die Weite, nach der Peripherie, Moll... treibt ins Subjekt und weiß dort die letzten Schlupfwinkel aufzufinden, in welchem sich die allerliebste Wehmut zu verstecken sucht.* (zit. n. Moser 1949, S. 67)

Aber nicht nur die Tonarten wie Dur und Moll beeinflussen unser Gemüt, auch Melodie und Harmonie lösen unterschiedliche Gefühle aus und zeigen uns damit etwas von uns selbst. *Das Innere in Stimmung zu setzen, ohne die gemeinen äußeren Mittel zu gebrauchen, ist der Musik großes und edles Vorrecht.* (ebd.) So schreibt Goethe weiter in seinem Brief über die Musik.

Die Musik zeigt in Form der auftauchenden Bilder, Symbole oder Gefühle den Weg zu den im Unbewussten schlummernden Blockaden und Widerständen, aber auch zu den verborgenen Ressourcen und ungelebten Anteilen. Diese Fähigkeit vor allem der klassischen Musik machte sich die Amerikanerin Dr. Helen Bonny zunutze und entwickelte ihre Form der rezeptiven Musiktherapie G.I.M. (Guided Imagery and Music).

Vor vielen Jahren nahm ich an einem Seminar zum Thema Musikmeditation teil. Dabei hörten wir die immer gleichen Passagen aus Mozarts Zauberflöte. Gerade diese Musik glaubten viele von uns zu kennen und hörten deshalb am Anfang „nur mit halbem Ohr" zu. Wir wurden aufgefordert, das nächste Mal wirklich achtsam zu hören, d. h. mit allen Sinnen und uns selbst dabei auf allen Ebenen wahrzunehmen. Jetzt wurde mir bewusst, dass es ein völlig anderes Musikhören war, als ich es bisher kannte. Ich entdeckte nicht nur unendlich viel in der Musik, sondern auch bei mir selbst und fand beim wiederholten Hören heraus, mit welcher Stelle in der Musik welches Gefühl verbunden war und vieles mehr. Geblieben ist mir von diesem Seminar vor allem die Erkenntnis, dass achtsames meditatives Musikhören eine Erweiterung des Bewusstseins mit sich bringt. Eine Erkenntnis, die übrigens auch die anderen Seminarteilnehmer teilten. So äußerte ein Musiker, dass er den Unterschied zwischen konzentriertem Hören, bei dem all das kritische musiktheoretische Wissen mitspielt, und achtsamem oder meditativem Hören in diesen Tagen verstanden habe.

Odilon Redon (1858 - 1921), Stille, Museum of Modern Art, New York (www.visipix.com)

Eine kleine Übung dazu:

Wählen Sie ein Musikstück aus und hören Sie es mehrmals hintereinander. Hören Sie es zunächst, indem Sie sich auf ein und dann auf mehrere Instrumente konzentrieren.

Hören Sie es beim nächsten Mal mit Konzentration auf die Melodie. Danach hören Sie die Musik mit geschlossenen Augen und spüren, wie die Musik auf Ihren Körper wirkt. Nehmen Sie alles wahr, auch kleinste Veränderungen. Beim nächsten Mal stellen Sie sich hinter den geschlossenen Augen eine Art inneren Bildschirm vor, auf dem Sie beobachten können, welche Bilder diese Musik hervorruft. Wiederholen Sie das Stück noch einmal und achten Sie dabei auf Ihre Gefühle. Auf diese Weise haben Sie dann das Musikstück vielleicht schon zehnmal gehört. Legen Sie eine kleine Pause ein und entspannen Sie sich. Versuchen Sie alles, was aufgetaucht ist, loszulassen und das Stück noch einmal zu hören, als sei es das erste Mal. Hören Sie es jetzt einfach nur achtsam. Stellen Sie sich vor, Ihre Ohren seien ganz groß geworden, alle Sinne sind präsent: Ihr Körper und Ihre Seele nehmen die Musik einfach auf. Achtsamkeit bringt – im Gegensatz zu Konzentration z. B. auf ein Instrument – die Weite der Wahrnehmung des Ganzen. Vielleicht geht es Ihnen wie mir damals im Seminar und Sie erleben ein Musikstück völlig neu, obwohl Sie es gut zu kennen glaubten.

Ein Beispiel für diese Ausweitung der Wahrnehmung durch achtsames Hören finden wir in C. G. Jungs Autobiografie *Erinnerungen, Träume, Gedanken*. Er beschreibt zunächst eine unbeschreibliche Stille, die er noch nie so intensiv erlebt hatte. Weiter erzählt er, wie er am Kaminfeuer saß und einen großen Kessel aufgesetzt hatte, um heißes Wasser zum Abwaschen zuzubereiten.

Dann begann das Wasser zu sieden, und der Kessel fing an zu singen. Es klang wie viele Stimmen oder wie Streichinstrumente, und es tönte wie ein vielstimmiges Orchester. Wie ganz polyphone Musik, die ich ja nicht leiden kann, die mir nun aber doch eigentlich inter-

essant erschien. Es war nämlich so, als ob sich ein Orchester innerhalb des Turms befände und ein anderes draußen.

Bald herrschte das eine, bald das andere vor, als gäben sie sich gegenseitig Antwort. Ich saß und lauschte fasziniert. Weit über eine Stunde hörte ich dem Konzert zu, dieser zauberhaften Naturmelodie.

Es war eine leise Musik mit allen Disharmonien der Natur. Und das war richtig, denn die Natur ist nicht nur harmonisch, sondern auch furchtbar gegensätzlich und chaotisch. So war auch die Musik: ein Strömen von Klängen, wie die Natur des Wassers und des Windes – so wundersam, dass man es überhaupt nicht beschreiben kann.

Jung, Jaffé 1999, S. 232

Diese Achtsamkeitsübung kann ich auch empfehlen, wenn Sie Musik ertragen müssen, die Sie – wie Jung schreibt – eigentlich nicht leiden können oder zumindest jetzt im Moment nicht hören wollen. Das kann im Konzert sein oder auch in einem Lokal, in dem Sie sich nur Ruhe wünschen. Leider können wir ja die Ohren nur bedingt verschließen. In solchen Situationen kann es sehr hilfreich sein, achtsam zu hören und alles wahrzunehmen, auch die unangenehmen Gefühle, die Hilflosigkeit, weil man es nicht ändern kann usw. Dadurch können Sie zwar Ihre Anspannung wahrnehmen und möglicherweise auch Ihren Ärger, aber manchmal tauchen durch achtsames Hören überraschenderweise Verständnis oder sogar positive Gefühle oder sogar ein belebendes Element auf.

Es gibt noch einen Grund, warum Musik sich so gut für die Übung der Achtsamkeit eignet: Sie taucht aus der Stille auf, klingt nur im Augenblick und geht zurück in die Stille. Sie findet nur im „Jetzt" statt und erfordert deshalb auch vom Zuhörer, im „Jetzt" zu sein, präsent und achtsam, will man das Wesentliche nicht verpassen.

Für die Schulung der Achtsamkeit und die damit verbundene erweiterte Wahrnehmung und Bewusstwerdung eignet sich jede Art von „guter" Musik im Sinne von Leonhard Bern-

stein. Er betonte immer wieder, dass es für ihn keine Wertung zwischen Unterhaltungsmusik und klassischer Musik gibt, sondern nur zwischen guter und schlechter Musik. Eine besondere Stellung nimmt aber tatsächlich die in ihren Ausdrucksformen so vielfältige klassische Musik ein. Sie ähnelt in ihrer Komplexität wohl am meisten der menschlichen Seele und ist auch in der Lage, die Seele in all ihren Ausdrucksformen zu spiegeln.

Übung

Wählen Sie zunächst ein einfaches Musikstück mit Soloklavier wie die *Kinderszenen* von Robert Schumann, hören Sie es mehrmals, zunächst im vorher beschriebenen Sinn konzentriert und dann achtsam.

Wählen Sie dann z. B. ein Adagio aus einem Klavierkonzert (von Beethoven oder Rachmaninoff) und gehen Sie in gleicher Weise vor. Vermutlich werden Sie, nachdem Sie das Soloinstrument achtsam immer wieder gehört haben, auch das Klavierkonzert anders hören. In ähnlicher Weise können Sie mit jedem Instrument üben, erst als Soloinstrument und dann in Verbindung mit anderen Instrumenten.

Sie können die Achtsamkeit auch auf Bewegung übertragen und sich zur Musik bewegen. Achten Sie vor allem am Ende auf die Stille und lassen Sie sich ausreichend Zeit, um der Wirkung der Musik nachzuspüren.

Weiten Sie die Übung auch auf Musikstücke aus, die Sie üblicherweise nicht hören, und achten Sie darauf, wie sich z. B. der Widerstand dagegen zeigt oder ob Sie Neues an dieser Musik entdecken. Oft ist es ein großer Gewinn, Musikstücke, die man kennt, in einer anderen Bearbeitung zu hören.

Den Liebhabern der *Matthäuspassion* von J. S. Bach möchte ich hierzu einen Tipp geben: Das Ensemble Sarband hat zusammen mit der libanesischen Sängerin Fadia El-Hage Stücke aus der Matthäuspassion bearbeitet. Es ist sehr interessant und eine gute Schulung für die Achtsamkeit, diese vertrauten Musikstücke teilweise mit einem arabischen Text und in einer sehr ungewohnt klingenden Bearbeitung zu hören.

Zusammenfassend kann man sagen, achtsames Musikhören bringt

· mehr Freude an der Musik
· Selbsterkenntnis durch eine vertiefte Wahrnehmung des eigenen Körpers, der eigenen Gefühle und inneren Anteile
· erhöhte Wachheit und Achtsamkeit im Alltag

Musik macht das Leben schöner und lebendiger – Achtsamkeit führt dazu, dass wir diese Schönheit und Lebendigkeit auch wahrnehmen.

Literatur
Kirchhoff, J. (2010): Klang und Verwandlung. Klein Jasedow
Moser, H. J. (1949): Goethe und die Musik. Leipzig
Jung, C. G. / Jaffé, A. (Hg) (1999): Erinnerungen, Träume, Gedanken. Zürich und Düsseldorf
Sarband&Fadia el-Hage: THE ARABIAN PASSION ACCORDING TO J.S.BACH, LC 08648, JARO Medien GmbH

Anna Röcker
Heilpraktikerin, Yogalehrerin und Musiktherapeutin. Mehrjährige Weiterbildung in Analytischer Psychologie am C. G. Jung-Institut Zürich, eigene Therapie-Praxis in München, Vortrags- und Seminartätigkeit im In- und Ausland, Autorin erfolgreicher Gesundheits- und Lebenshilfe-Ratgeber

musik

Als Kakua, einer der frühen Zen-Weisen im Japan des 9. Jahrhunderts, von einer Reise durch ferne Länder zurückkehrte, bat ihn der Kaiser zu sich und trug ihm auf, alles zu berichten, was er auf seiner Reise erlebt hatte.

Kakua verneigte sich tief, schwieg lange, nahm die kleine Bambus-Flöte, die er stets bei sich trug, aus der Tasche und spielte einen einzigen Ton, schwieg erneut, verneigte sich noch tiefer als vorher – und ging.

Der Kaiser war ratlos. Aber er bewahrte diesen einen Ton in seinem Herzen und – so wird berichtet – in hohem Alter fand er Erleuchtung.

Traditionelle Zen-Geschichte

Musik und Archetypus

Dass Musik, ebenso wie das Drama, mit dem kollektiven Unbewussten zu tun hat, steht fest, denken Sie z. B. an Richard Wagner. Die Musik ist hier gewissermaßen Ausdruck für Gefühlsbewegungen (oder emotionale Werte) die die unbewussten Prozesse begleiten.

Was sich im kollektiven Unbewussten abspielt, ist seiner Natur nach archetypisch, und alle Archetypen besitzen eine gewisse numinose Qualität, die sich in einer Betonung des Emotionalen anzeigt.
Die Musik drückt in Tönen dasselbe aus wie die Bilder der Phantasien oder Visionen. Ich bin kein Musiker und nicht imstande, Ihnen diese Gedanken im einzelnen auseinanderzusetzen.

Ich kann Sie nur darauf hinweisen, dass Musik die Bewegung, Entwicklung und Wandlung der Motive im kollektiven Unbewussten darstellt. Bei Wagner und z. B. auch bei Beethoven wird das sehr deutlich; es zeigt sich aber auch in Bachs Kunst der Fuge.

Die musikalische Form ist Ausdruck des zirkulären Charakters unbewusster Prozesse, z. B. in den vier Sätzen der Sonate oder in der Vollkommenheit zirkulärer Anordnung in der Kunst der Fuge.
Mehr könnte ich Ihnen über dieses Thema nicht sagen. Nur ein Musiker, der über psychologische Kenntnisse verfügt, wäre imstande, die Psychologie des Kontrapunktes, der kreisförmigen Anordnung etc. zu beschreiben.

C. G. Jung, Brief an Serge Moreux vom 20.01.1950

Alpsegen

Ein alpiner Sprechgesang und seine magischen Hintergründe

Josef Marty

Der Alpsegen ist ein im ganzen Alpenbogen und da vor allem in katholischen Gebieten gebräuchlicher Sprechgesang, der von Alphirten gerufen wird. In den folgenden Ausführungen werde ich den Begriff „Bet-Ruf" anstelle von Alpsegen verwenden. Beide Ausdrücke sind gebräuchlich, doch wird mit „Alpsegen" eher die rituelle Segnung einer Alp durch einen Priester bezeichnet, während der Bet-Ruf eine Verrichtung der Älpler ist, die nicht zu verwechseln ist mit klerikalen Handlungen. Zur besseren Lesbarkeit wird Bet-Ruf mit Bindestrich geschrieben.

Foto: Privatarchiv des Verfassers

Wenn die Arbeit getan, das Vieh gemolken und versorgt ist, und der Tag sich in der Dämmerung verliert, steigt der Älpler zu einem erhöhten Platz auf seiner Alp hinauf und singt mit lauter Stimme, verstärkt durch einen hölzernen Trichter oder seine zum Trichter geformten Hände, den Bet-Ruf weit über die Alp. Er bittet um Schutz und Schirm für alle auf der Alp lebenden Menschen und Tiere und das ganze Hab und Gut. Und so weit seine Stimme reicht, so weit soll der Schutz reichen. Diese Szene kann während der Sommermonate zwischen Juni und September auf vielen Alpen der

Schweiz beobachtet werden. Der allabendliche Bet-Ruf ist für viele Älpler eine nicht wegzudenkende Verrichtung, die nach ihrer Überzeugung über Wohl und Wehe der Alp und aller darauf lebenden Wesen entscheidet.

Wer dem Bet-Ruf auf einer Alp in der Abenddämmerung lauscht, kann nicht unberührt bleiben und spürt, wie Mensch und Natur in Einklang gebracht werden, wie eine äußere und innere Ordnung hergestellt wird.

Aus musikalischer Sicht hat der Bet-Ruf große Ähnlichkeit mit der rhythmischen und dynamischen Differenzierung der Phrasen im gregorianischen Choral. Es ist ein freies, dem Rhythmus der Sprache angepasstes Psalmodieren mit vier bis fünf Rezitationstönen. Zur Verstärkung seiner Stimme benutzt der Älpler einen hölzernen Milchtrichter, die sogenannte „Folle" oder seine zu einem Trichter geformten Hände.

Geschichtliches

Der Bet-Ruf reicht in seinen Ursprüngen in archaische Zeiten zurück. Über seine Herkunft ist in schriftlicher Form wenig greifbar. 1565 berichtet der Luzerner Stadtschreiber Renward Cysat erstmals, wie

umb die zytt dess Ave-Marialüttens (die Sennen und Älpler, Anm. d. Verf.) lütt und vych dem gnädigen schirm Gottes und syner werden muotter der himmel königin bevelche(n), (damit sie, Anm. d. Verf.) alles übel und gespenst von disem ort abhallten, alles glück verlyhen und unfal abhallten wollent.

Er berichtet auch, dass die Unterlassung des Bet-Rufs Schaden anrichten kann. Insbesondere kann die ganze Viehherde entführt werden.

Zahlreiche Versionen des Bet-Rufes beginnen mit den Worten *Lobet, oh lobet* und verraten wohl eine alte tiermagische Grundlage. Loba ist ein altes keltisches Wort für Kuh. Noch heute rufen die Älpler dem Vieh, wenn es gemolken werden soll, *Chum Lobeli, chum, chum* (Komm, Kühlein, komm, komm!). „Lobe" oder die Verkleinerungsform „Lobeli" ist ein in der Schweizer Mundart noch heute anzutreffender Ausdruck für „Kuh".

Die heute gebräuchlichen Texte sind durchwegs christliche Gebete, die nur noch ganz entfernt an das vorchristliche Ritual erinnern. Etwas von diesem magischen Ritual muss im Spätmittelalter am Beginn der Neuzeit jedoch noch deutlich zu spüren gewesen sein, sonst wäre diesem Brauch des so genannten *Ave-Maria-Rufens* von den Obrigkeiten nicht mit Misstrauen begegnet worden. 1609 verbot der Luzerner Rat den Bet-Ruf, weil er als heidnischer Viehsegen betrachtet wurde und man diesem abgöttischen und abergläubischen Treiben ein Ende bereiten wollte.

Der Text

Die Gottesmutter Maria nimmt in den Bet-Ruf-Texten eine zentrale Stellung ein. Trotz der „Verchristlichung" der Texte sind aber auf einzelnen Alpen Texte gebräuchlich, die Maria scheinbar über die göttliche Dreifaltigkeit stellen und vermuten lassen, es gehe da um die Verehrung oder Beschwörung der Großen Mutter. Der Kuhreihen, aus dem der Bet-Ruf vermutlich hervorgegangen ist, muss ein kultischer Tanz zur Verehrung der Kuh gewesen sein, die als Leben spendende Gottheit verehrt und umsorgt wurde.

Die Kuh als Symboltier der Großen Mutter ist aus zahlreichen alten Kulturen bekannt. Man darf also durchaus annehmen, dass die hohe Verehrung, die der Gottesmutter Maria in den verschiedenen Versionen des Bet-Rufs entgegengebracht wird, eine ferne Erinnerung an die Verehrung der Großen Muttergöttin ist, deren Primat durch die gleichzeitige Anrufung der heiligsten Dreifaltigkeit nur wenig kaschiert wird. Die Bitte um Schutz vor den Gefahren der Nacht, die von der umgebenden und die Alp enthaltenden Natur drohen, wird an die große Mutter Natur gerichtet, die Leben spenden und vernichten kann.

Die Texte der auf den einzelnen Alpen gebräuchlichen Bet-Rufe unterscheiden sich zum Teil stark. Gemeinsam ist ihnen die Bitte um Schutz vor allen Gefahren, die Menschen, Vieh und Habe auf der Alp drohen. Der christlich-magische Charakter des Bet-Rufs kommt meines Erachtens vor allem in der Bet-Ruf-Tradition des Schweizer Kantons Uri besonders deutlich zum Ausdruck. Darauf soll näher eingegangen werden. Als Beispiel diene der

Bet-Ruf, wie er auf der Wängialp am Klausenpass im schweizerischen Kanton Uri gerufen wird.

Alle Herzen loben, alle Schritte und Tritte in Gottes Namen loben!

Hier auf dieser Alp ist ein goldener Ring, da ist die liebe Muttergottes mit ihrem herzallerliebsten Kind Jesus. Ave Maria! Ave Maria! Ave Maria!: Jesus! Jesus Christ! Gütigster Herr Jesus Christ, behüte und bewahre alles, was auf dieser Alp ist und dazugehört!

Es walte Gott und der heilige Michael, dem empfehlen wir uns mit Leib und Seele,

es walte Gott und der heilige Wendelin,

es walte Gott und der heilige Sankt Antonius, der soll uns das Vieh behüten und bewahren,

es walte Gott und der heilige Johannes,

es walte Gott und der heilige Jakobus,

es walte Gott und heilige Alois,

es walte Gott und die liebe Sankt Agatha, die soll uns behüten und bewahren vor dem zeitlichen und ewigen Feuer,

es walte Gott und die liebe Mutter Gottes, alle Heiligen und Auserwählten Gottes alle, es walte Gott und die hochheilige Dreifaltigkeit:

Gott der Vater, Gott der Sohn und Gott der Heilige Geist! Behüte uns Gott vor Hagel und Blitzschlag, vor Pest, Hunger und Krieg, bewahre unser Gott!

Gelobt sei Herr Jesus Christus!

Es walte Gott und das hochheilige Kreuz, Amen!

Löscht Feuer und Licht, auf dass uns Gott und Maria wohl behüten!

Der Text beginnt mit einem Aufruf zum Gebet, gefolgt vom wichtigsten Teil mit der Erwähnung des Goldenen Ringes und der Gottesmutter mit ihrem Kind. In den weiteren Abschnitten werden verschiedene Heilige um Schutz gebeten. Dabei steht jeder für den Schutz vor einer ganz bestimmten Gefahr. Sie werden gewissermaßen zu Signaturen für die Abwehr der verschiedenen Übel, die der Lebensgemeinschaft auf der Alp drohen.

Der Bet-Ruf schließt mit der dringenden Bitte, Gott, die Gottesmutter und alle Heiligen mögen die Alp und alles, was darauf existiert, vor drohenden Naturgefahren bewahren. Und dann folgt noch die Aufforderung an die Menschen, Licht und Feuer zu löschen, damit Gott und Maria die Alp auch wirklich schützen können.

Die Ring-Symbolik, wie sie in diesem Text erscheint, wurde von Eduard Renner, einem in der ersten Hälfte des vergangenen Jahrhunderts im Kanton Uri praktizierenden Arztes, umfassend dargestellt. Er beschreibt in seinem Werk *Goldener Ring über Uri*, wie die Bergler sich mit der sie umgebenden wilden Natur umgehen, wie sie mit ihr leben und welche Mittel sie anwenden, um sich gegen die Gefahren zu schützen, die ständig über Mensch und Tier hereinbrechen können. In seinen Ausführungen wird der Bet-Ruf zu einem zentralen Element des Bemühens um Strukturierung sowohl der äußeren wie der inneren Natur als Schutz vor drohenden Einbrüchen durch das Chaos. Die folgenden Ausführungen stützen sich vor allem auf dieses Werk.

Funktion und Wirkung

Funktion und Wirkung des Bet-Rufs erschließen sich aus der Weltsicht der Bergbewohner, in der sich ihre enge Beziehung zur übermächtigen Gebirgswelt zeigt, die ihnen Lebensraum bietet und zugleich das in Besitz genommene Hab und Gut durch ihre wilde Natur bedroht. Der Mensch ist ein Teil der umgebenden Natur, die weder als gut noch als böse wahrgenommen wird, sondern in ihrem ständigen Gestaltwandel das einmal Erworbene, sei es Haus, Hof und Alp mit allem, was dazu gehört, wieder an sich zieht, wenn er zu wenig aufmerksam ist und die Ordnung nicht einhält. Der Mensch selber ist der Garant dafür, dass ihm die Natur keinen Schaden zufügt, und wenn es doch geschieht, nimmt er sich als Teil dieser Natur wahr im Wissen, dass er der Übermacht der Kräfte nicht immer standhalten kann. Er weiß, dass er die Natur nicht

Alphornbläser beim Grindelwald Alphorn Festival (www.wikimedia.org)

chisch-geistige Wirklichkeit umfasst, sondern auch die physische. ES kann zu jeder Zeit in die geordnete Welt des Menschen einbrechen, und dann ist nicht etwa nur derjenige, der das Unglück am eigenen Leib erfährt, getroffen, sondern mit ihm die ganze Gemeinschaft. Der Eigenbesitz des Menschen ist dem ES abgerungen und muss ständig geschützt werden.

Der RING wird durch die bannende Haltung und durch entsprechende Rituale oder die Beachtung von Vorschriften und Regeln rund um den Eigenbezirk des einzelnen Menschen sowie der Gemeinschaft gebildet. Gestört oder gar zerstört werden kann dieser RING durch Missachtung der Regeln und der gesetzten Ordnung. Der RING schützt den Innenraum vor der Umwelt, schafft eine Ordnung und bannt die umgebende chaotische Natur, die in ständigem Wandel begriffen, die vom Menschen geschaffenen Strukturen zu zerstören droht. Der Älpler ruft bei der Verrichtung des Bet-Rufs in die umgebende Natur hinaus, dass da ein GOLDENER RING gesetzt ist, der für den Schutz der Alp und für alles, was auf ihr existiert, garantiert. Seine Schutzfunktion entfaltet sich dann, wenn der Mensch der Natur mit der notwendigen Achtsamkeit und Ehrfurcht begegnet.

Der FREVEL ist die bewusste oder unbewusste Verletzung der Regeln. Der Älpler weiß, dass er ebenfalls zur Natur gehört und nicht außerhalb steht. Und da begegnet er dem Unheimlichen, indem er es richtig anspricht. Und er weiß, dass er es nicht provozieren darf. Das wäre ein FREVEL, der das Unheil heraufbeschwört. Der FREVEL öffnet dem Unheimlichen die Tore, durch die es verwüstend in den menschlichen Bereich eindringen kann. Dabei können bereits scheinbar geringfügige Vergehen das Unheil heraufbeschwören. Leichtsinn

beherrschen kann, sondern ihrem immer drohenden chaotischen Gestaltwandel achtsam begegnen muss.

Renner nennt die Erfahrung der Übermacht der Naturgewalten das „Erlebnis des ‚Numen': Numen, das große Grauen vor dem Unbekannten, Unpersönlichen und Unfaßbaren! Numen aber auch, sofern es Wink und Wille des Übermächtigen bedeutet" (Renner 1954, S. 62). Als die drei Eckpfeiler der Weltsicht der Urner Bergler bezeichnet Renner das ES, den RING und den FREVEL.

Im ES wird dem Menschen das Urerlebnis der Übermacht der Natur und der Naturgewalten sichtbar. Die dem menschlichen Zugriff entzogene, unheimliche und unfassbare Wirklichkeit des ES ist nicht zu verwechseln mit dem Es des psychoanalytischen Modells. Der Begriff ist hier viel weiter gefasst. ES ist keine „Denk- sondern eine Erlebnisform, selbst höchst lebendig und wirksam. Es erklärt jeden Tatbestand, auch das Unerklärliche" (vgl. ebd).

Das ES ist die Gesamtheit der Dinge, Ort und Zeit, Mensch und Tier zugleich, mithin die gesamte Wirklichkeit, aber in ungeordneter, chaotischer und in ständigem Wandel befindlicher Form. Es entspricht in etwa dem kollektiven Unbewussten, von dem es sich darin unterscheidet, dass es nicht nur die psy-

und Fahrlässigkeit oder Übermut liegen dem FREVEL zugrunde.

Renner sieht in der „Gegenwart des Menschen und der Besitzergreifung" dessen, was er zu seinem Leben braucht, „die große Banngeste". Er sagt, das ES sei ein „Ganzheitserlebnis, … aus dem alles strömt und erst zum Stillstand kommt, wenn es durch den RING in die eindeutige Form gebannt wird". Der von ihm postulierte ständige Gestaltwandel der Natur, des ES, kommt erst zur Ruhe, wenn es in die dem Menschen entsprechende Gestalt gebracht ist. Der Mensch schafft sich seinen Eigenbezirk, seine eigene Ordnung, die im Einklang mit der Natur stehen muss. Und die einmal gesetzte Ordnung muss eingehalten werden, sonst wird der Bann durchbrochen. Eine Garantie, dass das Chaos nicht wieder einbrechen kann, gibt es aber auch dann nicht. Deshalb muss der Mensch stets wachsam bleiben.

Der Bet-Ruf ist die große sakrale Geste, mit der der Bezirk abgesteckt wird, innerhalb dessen die schädigenden Kräfte ihre Wirkung nicht entfalten können. Die christliche Überformung der ursprünglich heidnischen Bannformeln verdeckt den Charakter des magischen Rituals kaum. Einerseits wird im christlichen Sinn der Segen Gottes erbeten, und so fühlt sich der gläubige Mensch geschützt. Auf der andern Seite vermittelt die magische Handlung ein Gefühl der Sicherheit und der Macht über die drohenden Gefahren. Auf die Frage, ob denn Gottvertrauen helfe, wenn Unwetter und anderes Unglück drohen, sagt der Nidwaldner Älpler Franz Ambauen, Gottvertrauen könne man schon haben, aber wenn man nicht selber aufmerksam sei, nütze es nichts, nur beides zusammen sei hilfreich.

Vordergründig geht es um den Schutz vor den Gefahren der physischen Natur, vor dem verheerenden Wildbach oder der alles mitreißenden Lawine, aber auch vor den Geistern, die die Viehherde zu entführen drohen. Hintergründig stehen die äußeren Realitäten durchaus für Bilder der psychischen Realitäten, denen der Mensch ebenso schutzlos ausgeliefert sein kann wie der Naturkatastrophe. Im Ritual des Bet-Rufs sollen ebenso die dämonischen Kräfte des Unbewussten gebannt werden, die jederzeit dem Älpler als große Versuchung erscheinen können.

Der durch den Bet-Ruf geschützte Raum kann als Kreis gedacht werden kann. Kreis und Ring treten in vielen Mythen, Märchen, Volksbräuchen als Schutzbild auf. Der Kreis reguliert symbolisch die bewussten und unbewussten psychischen Erfahrungen mit der chaotischen inneren und äußeren Natur. Im *Kommentar zum Geheimnis der Goldenen Blüte* schreibt Jung über das kreisförmige Mandalasymbol, es sei nicht nur ein Ausdruck einer „Ahnung vom Selbst", sondern habe auch Wirkung, die auf seinen Urheber zurückwirke. Es stecke uralte magische Wirkung darin, denn es stamme ursprünglich vom „hegenden Kreis", vom „Bannkreis", dessen Magie sich in unzähligen Volksgebräuchen erhalten habe. Das Bild habe den ausgesprochenen Zweck, eine magische Furche um das Zentrum oder den temenos (heilige Bezirk) der innersten Persönlichkeit zu ziehen (vgl. Jung, GW 13, S. 32).

Immer gilt es, sich gegen den Einbruch des Chaos zu schützen und den bannenden RING um den Eigenbezirk zu ziehen. Der RING schützt vor dem Zerfall des Rahmens, innerhalb dessen der Mensch leben kann. Den RING um die der Natur abgerungene Ordnung zu legen ist das eine, den RING zu schützen, indem man sorgfältig die Regeln beachtet, ist das andere.

Der kleine Mensch pflegt eine Form, die es ihm ermöglicht, in der gewaltigen Natur zu bestehen. Es geht um ein Ritual im Übergang von der Helligkeit des Tages in die Dunkelheit der Nacht mit ihren unvorhersehbaren Gefahren, ein Ritual, durch das sich der Mensch vor diesen Gefahren geschützt fühlt, ein Ritual aber auch, das eingebettet ist in die Rhythmen des Lebens auf der Alp im Bewusstsein, selber ein Teil der Natur zu sein.

Die magische Handlung mischt sich mit zutiefst christlicher Überzeugung. Der Älpler weiß, dass er ohne die schützende Hand Gottes und seiner Heiligen nichts ausrichten kann. In diesem Sinne birgt der Bet-Ruf tiefe Frömmigkeit: Frömmigkeit als respektvolle Haltung

musik

im Sinne einer Ehrfurcht vor unlösbaren Rätseln wie auch vor vorgestellten Ordnungsmustern von Leben und Kosmos.

Literatur

Bachmann-Geiser, B. (2006): Der Betruf in den Schweizer Alpen. In: Histoire des Alpes –Storia delle Alpi – Geschichte der Alpen. 11 (27-36)

Renner, E. (1954): Goldener Ring über Uri. Neuchâtel-Zürich

Baumann, M. P.: Der Bet-Ruf in der Innerschweiz. www.maxpeterbaumann.com/Zürcher, B. In: Wochenzeitung für das Emmental und Entlebuch, Ausgabe vom 29.08.2013

Isler, G. (1992): Die Sennenpuppe. Eine Untersuchung über die religiöse Funktion einiger Alpensagen. Basel: Schweizerische Gesellschaft für Volkskunde

Jung C. G. (1971): Psychotherapie und Seelsorge. GW 11. Olten und Freiburg i.Br.

Jung C. G. (1938/1988): Kommentar zu „Das Geheimnis der Goldenen Blüte". In GW 13. Olten und Freiburg i.Br.

Müller, J., Bächtold-Stäubli, H. (1926-1945): Sagen aus Uri: aus dem Volksmunde gesammelt von Josef Müller. In: Schriften der Schweizerischen Gesellschaft für Volkskunde, Bde. 18, 20, 28. Basel: Schweizerische Gesellschaft für Volkskunde

Wyss-Meier, T. (2007): Der Bet-Ruf im deutschsprachigen und rätoromanischen Raum. Appenzell

Josef Marty
lic. phil., Studium der Psychologie, Religionsgeschichte und Philosophie an der Universität Zürich; Ausbildung zum Psychoanalytiker am C. G. Jung-Institut in Küsnacht-Zürich, Psychotherapeut in eigener Praxis in Luzern; ehemals Präsident der Schweizerischen Gesellschaft für Analytische Psychologie

*Keine Kunst wirkt auf den Menschen
so unmittelbar, so tief, wie die Musik –
eben weil keine uns das wahre Wesen der Welt
so tief und unmittelbar erkennen lässt.*

Arthur Schopenhauer
deutscher Philosoph

„Hie kann nit sein ein böser Mut..."

Warum es gut ist, in einem Chor zu singen...

Klaus Aichele

Foto: www.wikimedia.org

„Hie kann nit sein ein böser Mut, wo da singen jung Gesellen und Maidlein gut": das ist zwar ein alter Spruch, aber die Erfahrung, die sich darin ausdrückt, kann man heute noch genau so beschreiben: Singen, und besonders das gemeinsame Singen, vertreibt den „bösen Mut" – also die „negativen" Gedanken, die „destruktiven" Impulse ...

Der Neurobiologe Manfred Spitzer hat in seinem wichtigen Werk über *Musik im Kopf* (2002) festgestellt: Musik – das Hören von Musik sowie das Singen – macht die Menschen „glücklicher", macht sie „weniger einsam bzw. gelangweilt" (vgl. S. 393).

Wenigstens den meisten Menschen geht es so und - egal, wo man lebt. „Mit einem Lied auf den Lippen sieht die Welt anders aus, Musik stimmt uns besser, macht uns optimistisch." (ebd. S. 440). Als Kind habe ich oft die Erfahrung gemacht, dass Singen mir Mut machte, in den Keller zu gehen und für Vater eine Bierflasche zu holen. Und am Abend kam die Mutter und sang mit mir ein Abendlied, das die Ängste vor der Dunkelheit doch einigermaßen verringerte. Das sind meine ersten Erfahrungen mit Musik.

M. Spitzer hat nachgewiesen, dass „Musik, die uns gefällt, unser gehirneigenes Belohnungssystem auf Trab bringt und die Aktivität der Mandelkerne, unsres gehirneigenen Angsterwartungssystems, herunterregelt" (vgl. ebd. S. 440). In einer Fernsehsendung sagte er sogar sinngemäß, die Amygdala werde beim Hören von Musik mehr oder weniger „ausgeschaltet". Daher also!

Trotzdem kann man sich fragen, ob man mit Musik bzw. Singen nicht selten auch Ängste, die ja auch eine reale Gefahr signalisieren können, überspielt. Ich stelle mir vor, dass Marschmusik und das gemeinsame Singen von Kampf- und Kriegsliedern sicherlich den einzelnen Soldaten Mut machen sollte, leichter in den Kampf oder Krieg zu ziehen. Dafür konnte man und kann man bis heute Musik bzw. gemeinsames Singen leider auch verwenden.

Musik ist emotionales Erleben

Musik, und besonders das Singen bzw. gemeinsame Singen, ist ein emotionales Erlebnis. Auch hier hat Spitzer recht: „Musik bewegt die meisten Menschen tief." (ebd. S. 1)

Wie wäre es sonst auch zu erklären, dass so viel Musik gehört wird, am Radio, mit dem Handy, mit Hilfe von CDs und dass soviel Geld ausgegeben wird für Musik-CDs, für Konzertkarten – ja dass auch so viele Menschen selbst Lieder und Sänger kennen, mitsingen. Und dass es so viele Menschen gibt, die in Chören aller Art mitsingen, zu Chorproben und Aufführungen bereit sind.

Es gebe, so heißt es, allein in Deutschland über 25000 Chöre und zwei bis drei Millionen Chorsängerinnen und -sänger! Was mich betrifft: Ich bin froh, zu einem der Chöre zu gehören und mitsingen zu können; so wird es wohl den meisten Chorsängerinnen und -sängern gehen. Wieder zitiere ich meinen Lieblingsautor M. Spitzer: „Musik treibt uns um, bestimmt unser Erleben, macht uns fröhlich und traurig, stimmt uns aggressiv oder romantisch." (ebd. S. 379)

Wenn Musik ein emotionales Erlebnis ist, wie wir es nannten, dann ist es auch nicht verwunderlich, dass sie für unser Leben eine so große Bedeutung hat, denn in den Emotionen, erleben wir uns selbst, unsre eigene Identität und den anderen in seinen Emotionen und seiner Identität. Wir erleben, dass uns „Musik fröhlich und traurig macht". Natürlich gibt es Mu-

sik, die „traurig macht", z. B. die „Trauermusik" oder das „Requiem" von Mozart oder das bei militärischen Abschieden gespielte „Ich hatt einen Kameraden" – und es gibt traurige Volkslieder wie „In einem kühlen Grunde ..." u.v.m. Aber insgesamt ist doch wohl die Musik, Singen und vor allem das gemeinsame Singen überwiegend mit „gehobenen Emotionen", wie V. Kast sie nennt, verbunden. Diese gehobenen Emotionen „machen weit, sie beschwingen uns, regen uns an, geben uns gewisse Leichtigkeit, schaffen auch Verbundenheit unter Menschen" (Kast 1991, S. 16 f.).

Es sind insbesondere Liebeslieder, die mit gehobenen Emotionen verbunden sind, die uns beschwingen, uns anregen, Verbundenheit unter den Menschen schaffen. Sie gehören zu den beliebtesten und am meisten gesungenen Liedern der Menschen in allen Kulturen der Welt. Ein großer Teil unsrer „Volkslieder" sind Liebeslieder, z. B. *Ännchen von Tharau*, auch wenn es oft nicht gut ausgeht mit der Liebe. Und in der sog. Unterhaltungsmusik, die wir auf vielen Kanälen hören können, reiht sich oft ein Liebeslied ans nächste. Es sind aber auch die sog. Wiegenlieder, die mit „gehobenen Emotionen" verbunden sind: Lieder, die die Eltern ihren Kindern am Abend beim Einschlafen vorsingen und die „Verbundenheit schaffen" zwischen Eltern und Kindern - und die sowohl die Kinder als auch die Eltern beruhigen.

Musik ist kommunikatives Erleben

Gerade die zuletzt genannten Lieder machen noch eine weitere Dimension der Musik und des gemeinsamen Singens deutlich: Es ist ein kommunikatives Erlebnis. Wieder hat Spitzer dies sehr gut beschrieben: „Man kann natürlich auch allein pfeifen, singen, trommeln und ein Instrument üben." (Spitzer 2013, S. 339)

Nicht wenige Menschen pflegen ja auch zu singen, wenn sie allein sind, mit Vorliebe in der Badewanne wegen der besseren Resonanz, im Auto und dann besonders im Stau ..., aber das gemeinsame Singen ist doch was anderes: „Mit Musik verhält es sich wie mit der Sprache, sie kann nur in Gemeinschaft ent-

Im Film „Wie im Himmel" des Regisseurs Kay-Pollak begeistern sich Dorfbewohner für den Kirchenchor, in den ein einstmals gefeierter Dirigent, der sich nach einem Herzinfarkt in sein Heimatdorf zurückzieht, neues Leben bringt.

stehen und hat nur in der Gemeinschaft ihre eigentliche Funktion. Die Mutter spricht und singt mit ihrem Kind, Kinder singen und tanzen und spielen im Kindergarten, später singt man im Chor oder spielt im Orchester." (ebd. S. 339).

Schon das Hören eines Konzertes mit 2000 anderen Konzertbesuchern kann eine solches kommunikatives Erlebnis sein: 2enn 2000 unterschiedliche Menschen – jeder hat ja seine eigene Lebenssituation, seine eigenen Gedanken und Gefühle – gemeinsam die *h-Moll-Messe* o.ä. hören und davon bewegt sind! Ich finde es überzeugend, wenn Spitzer schreibt, dass Musik nur in der Gemeinschaft entstehen kann.

In jedem Orchester wird diese Erfahrung gemacht – ganz besonders natürlich in einem Orchester, wie es D. Barenboim zusammenstellt aus israelischen und palästinensischen Musikern. Ja, „Musik ist gelebte Gemeinsamkeit" (vgl. ebd. S. 357). Und erst recht das gemeinsame Singen: Ich habe gemeinsames Singen schon in meiner Jugend erlebt, in der Jungschar in der Verbundenheit mit der Gruppe, mit den wunderbaren Liedern wie *Jenseits des*

Tales standen ihre Zelte. Dann in den Gottesdiensten mit den sprachlich „alten" Texten, aber herrlichen Melodien wie *Geh aus mein Herz und suche Freud.* Dann bei Kirchentagen und bei Oster- und Friedensmärschen Lieder wie das weltbewegende *We shall overcome*, in das Tausende einstimmten. Was wäre unsere Kultur ohne Musik?

Und jetzt habe ich seit Jahren das Glück, einen „Laienchor" gefunden zu haben. Er unterscheidet sich natürlich deutlich von einem „Berufschor", der in der Regel aus Sängerinnen und Sängern mit einer Gesangsausbildung besteht. Ich weiß nicht, ob dies nicht sogar manchmal ein gewisser Vorteil ist, dass wir keine Solisten haben, weil sich nach meinem Verständnis ein Chor dadurch auszeichnet, dass nicht einzelne Stimmen herauszuhören sind, sondern ein „Klang" zu hören ist.

Das Singen im Chor ist deshalb schon eine gewisse Herausforderung: Man muss sich auf andere einstellen, „man sollte nicht zu laut und zu leise singen, und vor allem nicht daneben" (ebd. S. 344). Und das ist schon eine große Kunst! Außerdem – so schreibt Spitzer weiter – sollte, wer in einem Chor singt, sehr genau intonieren können, dann „kann der Chorgesang zu einem wunderbaren Gemeinschaftserlebnis werden".

Aber der „Alltag" eines Chores sieht oft ein wenig anders aus: Da gibt es manchmal Mitsängerinnen und Mitsänger, die andere „übertönen" wollen, sodass man neben ihnen nicht singen kann. Dann gibt es manche, die den Ton kaum treffen. Spitzer nennt sie freundlich die „Brummer", bei denen es besser wäre, wenn sie ganz leise oder unhörbar mitsängen. Dann gibt es die Mitsänger, die es immer besser wissen, vor allem wenn andere singen: „… die Pause muss länger sein und die Triole schneller". Und dann noch die üblichen Probleme, wer wo sitzt und wo nicht sitzen soll.

Und trotzdem: Das gemeinsame Singen im Chor kann ein wunderbares Gemeinschaftserlebnis sein. Und wenn dann nach einer gelungenen Aufführung der rauschende Beifall einsetzt, dann sind die Probleme vergessen, jedenfalls bis zur nächsten Chorprobe!

Welche Kraft – ich würde sagen emotionale und kommunikative Kraft – im gemeinsamen Singen in einem Chor liegt, erfahre ich jede Woche.

Es gibt zwei wunderbare Filme - vielleicht noch mehr - die diese emotionale und kommunikative Kraft des gemeinsamen Singens zeigen: *Die Kinder des Monsieur Mathieu*, ein Film, in dem Kinder aus Problemfamilien durch einen Musiklehrer zum gemeinsamen Singen kommen und dabei erstaunliche musikalische Fähigkeiten entwickeln können. Dies ist für mich der eindrucksvollste Beweis, wie sehr gemeinsames Singen das Leben verändern kann.

Und der zweite Film, den ich hier noch erwähnen möchte: *Wie im Himmel*, in dem ein großer Dirigent, der sich auf ein Dorf zurückzieht, den dortigen Kirchenchor zur Entfaltung bringt.

Musik ist archetypisches Erleben

Ja, Musik gab es immer schon! „Die Neigung zur Musik zeigt sich schon im Säuglingsalter, … liegt in der menschlichen Natur", so beschreibt O. Sacks in *Der einarmige Pianist* das erstaunliche Phänomen der Musik. „Wir müssen es uns wohl als angeboren denken" (Sacks 2008, S. 10).

Das ist also die „archetypische" Dimension der Musik. Wie immer die ersten Formen von Musik oder Singen aussahen, es gibt genügend Forschungen über den „Gesang" von Tieren, z. B. der Wale, und nach Spitzer lässt sich sagen: „Der Neandertaler sprach und sang" (Spitzer 2013, S. 378).

Musikinstrumente gibt es seit 50000 Jahren, wie die Ausgrabungen im Geissenklösterle bei Blaubeuren, ergeben haben. Wenn man die Abbildungen aus dem alten Ägypten, aus Babylon oder China hinzunimmt, in denen Instrumente abgebildet sind, dann gab es seit Tausenden von Jahren viel Musik unter den Menschen!

Die Mythologie der alten Völker ist deshalb voll von Musik: Die Götter haben die Musik gebracht, Pan die Flöte, Orpheus den Gesang usw. Wir erleben die alten Götter heute noch: im Hören der Musik der letzten Jahrhunderte, auch im Hören der Musik unsrer Tage, und im Singen der alten oder auch neuen Chorwerke. Wir erleben beim Singen im Chor „eine Veränderung in Richtung mehr Positivität, mehr Wachheit und mehr Präsenz" (ebd. S. 398).

Literatur
Kast, V. (1991): Freude, Inspiration, Hoffnung. Düsseldorf
Sacks, O. (2008): Der einarmige Pianist. Reinbek
Spitzer, M. (2013): Musik im Kopf. Stuttgart

Klaus Aichele
Analytischer Kinder- und Jugendlichenpsychotherapeut, Gremienmitglied, Dozent und Supervisor am C. G. Jung-Institut Stuttgart

Musik und Zahlensymbolik

Wolfram Frietsch

Dass Musik symbolisch ist, haben Dichter und Musiker früh erkannt. Betrachten wir dazu die Barockmusik. Ohne musikalische Symbolik käme sie nicht aus. Bei der Barockmusik beispielsweise spielt die Vertonung von Texten eine wesentliche Rolle: Die im Text auffälligen Merkmale werden musikalisch abgebildet. Ist im Text von einer aufsteigenden Bewegung die Rede, dies kann ein Aufstieg im wörtlichen Sinne, aber auch Jubel oder Freude sein, so stellt dies die rhetorische Fi-

Barockmusiker um 1535. Radierung von Abraham Bosse,1604 - 1676 (www.wikimedia.org)

gur der Anabasis (Hinaufsteigen) musikalisch dar. Das Melos geht nach oben. Entsprechend umgekehrt führt die Katabasis, der Abstieg, den Gang des Melos abwärts. Will man in die Musik eine gewisse Traurigkeit einbringen, so bietet sich die rhetorische Figur der Pathopoeia an, die chromatisch fremde Töne, die nicht zur gewählten Tonart gehören, enthält. Dabei werden kleine Intervallschritte benutzt, um ein dichtes, klagendes Moment in die Musiksprache einzubringen. Selbst die Pause ist ein rhetorisches Mittel. Pausen symbolisieren Ruhe, Bewegungslosigkeit und Verharren. Steht im Text „Er schwieg", wird dieses Schweigen durch sie musikalisch hörbar, die Pause muss also mitgespielt werden.

Bleiben wir bei der Barockmusik, in der die Ordnung der Welt erkennbar und rational erfassbar sein sollte, in der aber auch die Ewigkeit, die andere Welt, die Transzendenz, die himmlische Welt abgebildet wurde. „Gott geometrisiert" oder „Alles ist geschaffen nach Maß, Zahl und Gewicht" ist programmatisch als Ausdruck für eine Musik, die durchkomponiert ist und von rhetorischen Figuren und Zahlensymbolik lebt.

Der barocke Musikraum beruht auf der Bibel und tradierter Zahlensymbolik. Der Einklang oder die Zahl eins symbolisiert die Einheit; der Dreiklang, die Zahl drei, die göttliche Trinität; die Zahl vier, die Erde, die Zahl fünf den Menschen, die sieben die Totalität, die zehn das Gesetz und die zwölf die Kirche. Diese Bezüge sind nicht immer hörbar, sondern müssen aus dem Notenbild entziffert werden. Ein Meister der Kunst symbolischer Musik war Johann Sebastian Bach (1685 - 1750).

Zahlensymbolik und Musik

Bachs Vertonung der *Matthäuspassion* (1727/29) demonstriert musik-symbolisches Denken kongenial. Diese Musik spricht, sie steckt voller Leben, voller verborgener Hinweise. Ein paar davon sollen hier zum Vorschein kommen.

Beim letzten Abendmahl verkündigt Jesus, dass einer ihn verraten werde. Die Jünger rufen aus: „Herr bin ich's?" Laut Notenbild haben wir es mit einer kurzen, fugenartigen Sequenz zu tun. Wir müssen als Hörer annehmen, dass alle Zwölf ausrufen „Herr bin ich's?" Aber nur elf tun es. Einer brauchte nicht zu fragen, einer wusste. Das kann man nicht hören, denn die Szene dauert nur Sekunden. Aber man kann es am Notenbild sehen. Bach hat dieses Wissen in die Passion hineinkomponiert.

Ein weiteres Beispiel ist die Sterbeszene Jesu am Kreuz, in der der Evangelist singt: „Und siehe, der Vorhang im Tempel zeriß in zwei Stück, von obenan, bis untenaus." Man hört den Vorhang zerreißen, wenn im Bass die Zweiunddreißigstel-Figuren dies bildlich darstellen (siehe Notenbild). Auch das Weitere wird bildhaft durch die Figur der Katabasis, des Abstiegs, denn bei „und die Erde" steigt das Melos ab, denn die Erde ist ja unten. Dabei wird der gesamte Bass aufgeregter und von Zweiunddreißigstel-Noten bestimmt, die den chromatischen Tonraum der zwölf Töne, des gesamten musikalischen Tonmaterials und somit des Kosmos, durchschreiten.

Der Bass ist das Fundament der Barockmusik und damit das Fundament der Welt überhaupt. Hier ist die Ordnung, der Kosmos in Aufruhr gebracht. Eine sichere Grundlage gibt es nicht mehr. Eine Stelle, die an Dramatik kaum mehr zu überbieten ist, wenn man sie zu lesen weiß. Der Musikwissenschaftler Rolf Dammann führt weitere Beispiele an:

Das Tenor-Rezitativ „Mein Jesus schweigt" (Matthäuspassion) hat 39 Stützakkorde und zählt 10 Takte; der Schlüssel dafür ist Psalm 39,10, wo es heißt: „Ich will stille schweigen". Es sind 116 Orgelbasstöne, auf denen die Einsetzung des Kelchs in der Matthäuspassion beruht: Psalm 116 ist der einzige Psalm, in dem das Wort Kelch vorkommt. Symbolzahlen alt- und neutestamentlichen Ursprungs sind bei Bach in den verschiedensten Zusammenhängen grundlegend. [...]

Die Quersumme der Zahlen, die den Buchstaben eines Wortes entsprechen, steht stellvertretend für das betreffende Wort, z. B. CREDO = 3+17+5+4+14=43. Im Symbolum Nicaeum der Hohen Messe Bachs umfassen die beiden Chöre Credo und Patrem 129 Takte; 129 =43+43+43, d.h. CREDO, CREDO, CREDO; [...] bei alldem handelt es sich nicht um eine Spielerei. Vielmehr wurde die Heilige Schrift in der nachlutherischen Orthodoxie im strengen Wortsinn verstanden. [...]

Die im Hören nicht erfaßbare, aber der Komposition zugrundeliegende Zahl wird zum Bedeutungsträger. Sie richtet sich auch nicht an den Hörer. Ihr unermeßlicher Wert liegt in der höchsten Zwecksetzung der Musik: ad mojerem Dei gloriam.

Dammann 1967, S. 474 f.

Bach vertonte sich auch selbst, indem er seinen Namen zahlenmäßig verschlüsselt: B = 2, A = 1, C = 3, H = 8. Das ergibt zusammen 14, eine Zahl, die Bach bei dem Choral *Vor deinem Thron* (1750) gebrauchte. Der gesamte Choral hat 41 Töne: J = 9, S = 18 und 14 ergibt: 41, ergibt: J. S. Bach. Psychologisch gesehen fügt sich so ein Subjekt in die weltliche, objektive und kosmische Ordnung bewusst ein. Im Sinne C. G. Jungs verbindet sich ein bewusstes Ich mit dem Selbst, indem es in eine umfassendere Ordnung eingebunden wird.

Archetypische Tiefe der Musik

Wir rühren an eine archetypische Tiefe von Musik, die Hugo St. Victor um das Jahr 1100 beschrieb. Für ihn gibt es drei Arten von Musik: die Weltmusik, die Musik im Menschen und die durch Instrumente hervorgebrachte Musik. Die Weltmusik findet er in den Elementen, in den Planeten und in der Zeit. In den Elementen drückt sie sich in Zahl, Maß und Gewicht aus, in den Planeten in deren Stellung, Bewegung und Wesensart und in der Zeit durch den Wechsel von Tag und Nacht, im Zu- und Abnehmen des Mondes und im Jahreslauf, dem Wechsel von Frühling, Sommer, Herbst und Winter.

Musik wird hier als universale Konstante verstanden, die den Menschen mit der Natur, der Welt und dem Kosmos versöhnt. Vor mehr als

2000 Jahren schrieb der chinesische Gelehrte Lü Bü We:

Alle Musik wird geboren im Herzen des Menschen. Was das Herz bewegt, das strömt in Tönen aus; und was als Ton draußen klingt, das beeinflußt wieder das Herz drinnen. Darum, wenn man die Töne eines Landes hört, so kennt man seine Bräuche. Prüft man seine Bräuche, so kennt man seine Gesinnung. Schaut man seine Gesinnung, so kennt man seine Art, Blüte und Untergang, Würdigkeit und Unwürdigkeit, edle und gemeine Gesinnung, alles drückt sich in der Musik aus und läßt sich nicht verbergen. Darum heißt es: Tief ist der Einblick, den die Musik gewährt.

Die Verbindung von einfachen Tönen, die wir ästhetisch hören, zu zahlensymbolisch aufgeladenen Archetypen, hin zu kosmischen Entsprechungen erweitern den Musikbegriff, den wir uns gemeinhin machen. Eine solche Musikauffassung, nicht nur Musik in Tönen, sondern auch im Kosmos zu finden, geht auf Pythagoras zurück, wobei der Gedanke einer Sphärenharmonie im Mittelpunkt dieser Musikauffassung steht.

Sphärenharmonie bedeutet, dass die Zahl nicht nur quantitativ wichtig ist, sondern einen qualitativen Wert hat. Musik ist also nicht nur Ton, Rhythmus und Melodie, sondern auch die Welt um uns herum, die erklingt. Einen Nachhall dieser Auffassung haben wir in Goethes Faust, wenn es dort heißt: „Die Sonne tönt nach alter Weise / In Brudersphären Wettgesang."

Die kontemplative Betrachtung der Natur und insbesondere des Kosmos war in der griechischen Kultur beispielgebend für den Bios theoretikos. Holzstich von C. Flammarion, Paris 1888 (www.wikimedia.org)

Weltharmonik

Im Zeitalter des Barock war Musik nicht nur eine Kunst, sondern ebenfalls eine Wissenschaft. Es war nicht unüblich, sich der Musik zuzuwenden, um daran „wissenschaftliche" Prinzipien zu demonstrieren oder daraus abzuleiten. Beim Astronomen Johannes Kepler ist eine solche enge Verbindung von Musik und wissenschaftlicher Entdeckung nachzuweisen.

Kepler vereint pythagoreische Spekulation mit exakter Forschung. Dabei geht er sowohl auf Astronomie wie auch auf Musik ein. Er erforscht das Warum musikalischer Intervalle und stellt die Frage, warum gewisse Intervalle harmonisch anmuten.

Seine Antwort lautet: Intervallstrukturen sind in der Natur angelegt, im Menschen nachweisbar und sie entsprechen der „Planetenmusik". Eben deshalb empfinden wir gewisse musikalische Intervalle als harmonisch, weil sie in einer Analogie zur Weltharmonie stehen. Diesen Gedanken legt er seinem Hauptwerk, dem 1619 erschienen *Harmonices Mundi* (Weltharmonik) zugrunde.

Aus der Schule kennen wir Kepler als Astronomen und Naturwissenschaftler. Dennoch spielte für ihn sein musikalisches Forschen eine so wesentliche Rolle, dass die fünf Bücher seines astronomischen Hauptwerkes von musikalischen Problemen durchdrungen sind. Die Proportionen und Musikgesetze der Intervalle stehen für ihn in Übereinstimmung mit dem Menschen und vor allem mit dem Universum. Die Analogien zwischen kosmischen und musikalischen Gesetzen werden aber mittels einfacher Zahlenproportionen gebildet.

Das berühmte dritte Keplersche Gesetz beispielsweise, mit dem wir heute in der Lage sind, Raketen in den Weltraum zu schießen und zu verstehen, wie und warum Planeten auf ihren Bahnen bleiben, eben jenes Gesetz war für Kepler nicht dazu da, um der Physik einen großen Dienst zu erweisen, sondern einzig und allein um zu zeigen, dass die Welt sich in einer universalen (musikalischen) Harmonie befindet.

In seinem Buch *Weltharmonik* findet sich dieses „dritte Gesetz", das uns befähigt, die Gesetzmäßigkeit der Planetenbahnen zu verstehen, an einem bemerkenswert unauffälligen Ort, nämlich erst auf Seite 292 inmitten eines 13-Punkteprogramms. Dabei ist dieses Gesetz für Keplers musikalische Forschung grundlegend. Er brauchte das Gesetz, um seine Idee der Weltharmonik zu begründen. Damit zeigt er, dass ihm die astronomische Erkenntnis weniger wichtig war als die musikalische. Ihm ging es um die Intervalle, die sich zwischen den Planeten auffinden lassen und die zusammengenommen Harmonie, Wohlklang und Ordnung ergeben sollten.

Kepler wollte die „Welt"-Musik hörbar machen, die durch die Planetenbewegungen erklingt, und er ging davon aus, dass diese in Notenschrift gebannt werden könne. Das eine war ihm Inspiration für das Andere, und beides miteinander gesehen ergibt erst ein Ganzes.

Der Kepler-Spezialist Max Caspar schreibt in seiner Einleitung zu Keplers *Weltharmonik*:

Gott hat die Welt so geschaffen wie sie ist. Als Werk des allweisen und allmächtigen Gottes muß diese Welt die schönst möglichste und vollkommenste sein. Die Vollkommenheit aber besteht in bestimmten von der Geometrie dargebotenen Verhältnissen. Diese Verhältnisse sind urbildlich im göttlichen Wesen da. Als Ebenbild Gottes trägt auch der Mensch diese Verhältnisse in seinem Geist. Daher ist er fähig, sie in ihrer Verwirklichung in der Welt, die Gottes Abbild ist, zu erkennen.

Kepler 1982, S. 14

Kepler untersuchte anhand der Messungen, die ihm seine jahrzehntelangen Beobachtungen der Planeten und deren Bahnen lieferten, wie sich harmonische Verhältnisse zwischen den Planeten ergaben. Er war sich sicher, dass man tatsächlich von Harmonie im Sinne einer musikalischen Harmonie sprechen kann, brauchte aber noch „wissenschaftliche" Gewissheit. Er prüfte verschiedene Möglichkeiten und stellte die Frage danach, wie sich harmonisch-musikalische Verhältnisse der Planeten untereinander ergeben können.

Musste man deren Umlaufzeiten berücksichtigen oder die Bahngeschwindigkeiten der Planeten? Könnte die Lösung einer universalen Harmonie in den Bahnhalbmessern liegen oder in den Zeiten, die ein Planet zur Zurücklegung gleicher Elementarbögen braucht? Oder finden sich geeignete Intervalle, wenn man die von der Sonne aus betrachteten Winkelgeschwindigkeiten hernimmt? All das prüfte er und verwarf sie alle, bis auf die letzte Annahme. Unter Zuhilfenahme seines dritten Gesetzes und aus den Verhältnissen der mittleren Winkelgeschwindigkeiten der Planeten zur Sonne berechnete er die Verhältnisse ihrer mittleren Abstände zur Sonne. Kepler (1982, S. 289) notiert:

Des weiteren habe ich bewiesen, daß die Bahn eines Planeten elliptisch ist und daß die Sonne, die Quelle der Bewegung, in dem einen Brennpunkt dieser Ellipse steht, woraus folgt, daß der Planet seinen mittleren Abstand von der Sonne zwischen seinem größten im Aphel und seinem kleinsten im Perihel dann einnimmt, wenn er vom Aphel an den vierten Teil seiner ganzen Bahn durchlaufen hat.

Wie kam Kepler auf die musikalischen Analogien? Sein Ziel war es zu beweisen, dass die Planeten in sich harmonisch angeordnet sind. Sie sollen einen harmonischen Zusammenklang, einen Weltakkord hervorbringen. Um dies beweisen zu können, experimentierte er mit verschiedenen Möglichkeiten. Dabei erkannte er, dass er weder auf die Strecken, die die Planeten zurücklegten, noch auf ihre Geschwindigkeit und auch nicht auf die Abstände der Planeten zueinander zurückgreifen konnte. Alle drei Möglichkeiten ergaben keine musikalischen Harmonien.

Heute kann man sich das so vorstellen, als ob ein Wissenschaftler argumentieren würde: „Ich verwerfe diese Gleichung allein deshalb, weil sie keinen musikalischen Wohlklang ergibt oder weil sie nicht in Einklang mit einer universalen Harmonie steht."

Für Kepler war aber ein solches Denken selbstverständlich. Im Laufe seiner Forschungen fand er sein drittes Gesetz und gab auch die Annahme der Kreisbewegung der Planeten zugunsten ihrer Ellipsenbahn auf. In der Ellipse gibt es Momente der größten Entfernung (Aphel) und Momente der kleinsten Entfernung (Perihel). Durch exakte Berechnungen konnte Kepler zeigen, dass Planeten bezogen auf Aphel und Perihel ganzzahlige Verhältnisse aufweisen und in bestimmten Verhältnissen zueinander stehen.

Kepler übersetzte die Zahlenverhältnisse in musikalische Intervalle. Er berechnete die beiden Winkel der jeweiligen Planetenbahnen in Bezug zur Sonne und legte diese Werte seiner Welt-Harmonie zugrunde. (Seine Berechnungen stimmen übrigens bis heute.) Die sich dabei ergebenden Klangkombinationen bilden Akkorde, die im weitesten Sinne als Sphärenmusik bezeichnet werden können.

Es gibt also nicht nur einen Ton, der einem Planeten zugeordnet werden kann, sondern jeder Planet durchläuft ein Intervall. Was wäre beispielsweise der „Saturnton"?

Keplers Antwort würde lauten: Alle Töne zwischen einer großen Terz bzw. einer Duodezime, denn genau dieses Intervall absolviert Saturn. Für Merkur wären dies alle Töne der

Gegen Ende seines turbulenten Lebens veröffentlichte Johannes Kepler im Jahre 1627 in Ulm sein letztes großes Werk, die *Tabulae Rudolfinae (Rudolfinische Tafeln)*. Es wertete die Aufzeichnungen Tycho Brahes aus und beschrieb die Positionen der Planeten mit bis dahin unerreichter Genauigkeit. (www.wikipedia.org)

Oktave mit der kleinen Terz bzw. der großen Sexte usw. Wir haben damit eine Bandbreite an Möglichkeiten, die ein Planet musikalisch ausdrücken kann. Insgesamt ergeben sich verschiedene Intervalle und Harmonien, die aber eines gemeinsam haben, alle Planeten harmonieren miteinander!

Träger dieser Harmonie ist aber nicht die wirkliche Bewegung der Planeten, sondern ihre scheinbare Bewegung, ihre Winkelgeschwindigkeit, bezogen auf das Zentrum ihrer Bahnen, auf die Sonne. Nur ein Beobachter auf der Sonne kann die Harmonie direkt wahrnehmen. Dieser Beobachter ist Gott (vgl. Kepler 1982, S. 98). Kepler hat mit seiner Idee das nachempfunden, was Gott mit seiner Schöpfung bezweckte.

Ravi Shankar und seine Tochter Anoushka beim Fes Sacred Music Festival 2005 (www.wikimedia.org)

Archetypische Musik

Musik als Archetypus impliziert die Frage, was an Musik ist archetypisch? Der Streifzug durch die Musik in Hinblick auf ihre symbolische Bedeutung zeigt, dass Symbolik der Schlüssel in der Beziehung des hörenden Menschen zum unbewusst erlebenden Menschen ist. Bis in die heutige Zeit klingt diese Auffassung nach. Moderne Komponisten wie Karl-Heinz Stockhausen oder John Cage, aber auch indische Musik und ihre Raga-Kultur, Weltmusik und/oder New-Age-Musik basieren auf archetypischen Vorgaben, die intuitiv gegenwärtig und symbolisch ausdrückbar sind, denn sie bedienen sich bestimmter musikalischer Intervalle, nicht nur um gewisse Wirkungen zu erreichen, sondern auch um eine Analogie zwischen dem hörenden Menschen und dem kosmischen, archetypischen Menschen aufzuzeigen.

Johannes Kepler setzt die Zahlen mit Planeten in Beziehung. Er geht von einer urbildlich bestehenden Harmonie der Seele aus, die er in der Sinneswelt bestätigt finden musste. Für ihn ist alle Musik und Harmonie in der Seele disponiert. Die Verknüpfung von Zahl mit Glauben oder Frömmigkeit führte bei ihm zu einer eigenartigen Theologie des Staunens über die Natur und deren Gesetze: Ich erkenne diese Gesetze und befinde mich dann in Harmonie mit ihnen, wenn ich sie in mir selbst wiederfinde. Dies ist die archetypische Grundlage von Musik. Töne sind also nur dann harmonisch, wenn sie meiner seelischen Disposition entsprechen. Oder anders gesagt, weil meine „Seele" auf Harmonie angelegt ist, empfinde ich den Widerhall außen als Bestätigung innerer Harmonie.

Der mittelalterliche Musiktheoretiker Jacobus von Lüttich (1260 - ca. 1330) schreibt:

Die Musik, als Ganzes genommen, erstreckt sich nämlich wirklich gleichsam auf alles, auf Gott und auf alles Geschaffene, auf die unkörperliche und die körperlichen Kräfte, auf die himmlischen Geschöpfe und auf die menschlichen, auf die theoretischen Wissenschaften und auf die praktischen.

Musik hat mit Zahlen und Zahlenverhältnissen zu tun. In den Zahlen und in der Musik wirken die gleichen Gesetzmäßigkeiten. Selbst unser Gehör funktioniert nach entsprechenden grundlegenden Prinzipien und den sich dabei ergebenden Intervallstrukturen. Sie lassen sich musikalisch und mathematisch ausdrücken. Dass diese abstrakten Zahlenverhältnisse psychisch erlebbar sind, beweist die Musik täglich aufs Neue. Die in ihr unbewusst präsenten Zahlen spiegeln aber auch eine kosmische Gesetzmäßigkeit, die sich im Menschen, in der Natur und in der Seele finden.

Der Mensch lebt in dieser Zahlenstruktur. Sein psychischer Bereich und sein physischer Körper korrespondieren im musikalischen Erleben miteinander. Die Analogie zwischen Mensch, Natur und Musik ist mathematisch

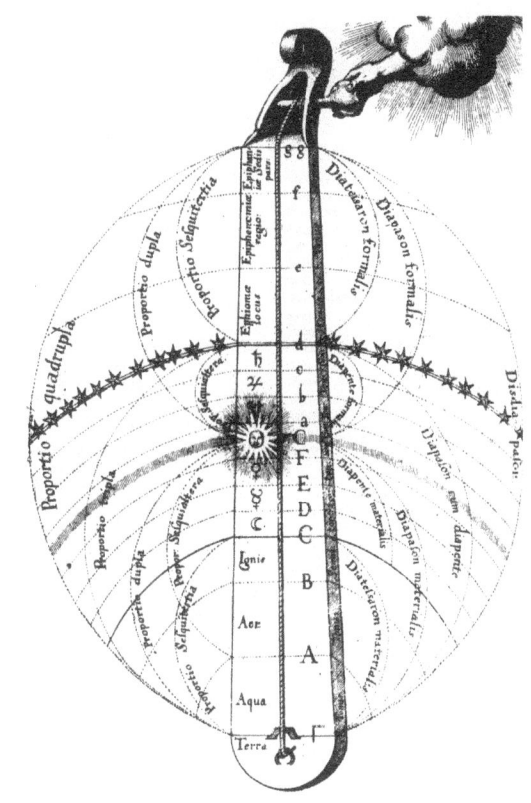

beschreibbar und musikalisch erlebbar. Sie berührt eine archetypische Tiefe, die, wenn wir sie empfinden, gehört und ungehört, im Erlebnis des Selbst mündet.

In einer Zeit, in der es Universalgelehrte gab, wie beispielsweise Johannes Kepler (1571 - 1630); Robert Fludd (1574 - 1637); Martin Mersenne (1588 - 1648) oder Athanasius Kircher (1601 - 1680), war ein wissenschaftliches und analoges, musikalisches Denken ohne Weiteres miteinander vereinbar. Wolfgang Pauli, Physiker und Nobelpreisträger, hat sich intensiv mit Synchronizität und Johannes Kepler beschäftigt.

Hierauf kann ich hier aber ebenso wenig eingehen wie auf Robert Fludd und sein kongeniales Göttliches Monochord aus dem Jahre 1618, in dem die Vier Elemente, die Sieben Planeten und die Sphärenharmonie abgebildet werden.

Robert Fludd, göttliches Monochord 1618 (www.wikimedia.org)

musik

Literatur (Auswahl)
Bartel, D. (1985): Handbuch der musikalischen Figurenlehre. Laaber
Caspar, M. (1995): Johannes Kepler. Stuttgart
Dammann, R. (1967, 2. Aufl.1984): Der Musikbegriff im deutschen Barock. Köln
Dickreiter, M. (1973): Der Musiktheoretiker Johannes Kepler. Bern
Eggebrecht, H. H. (1984): Bachs Kunst der Fuge. Erscheinung und Deutung. München
Frietsch, W. (2010): Die Traumfahrt der Zauberflöte. Selbstwerdung und Archetypus. Wolfgang Amadeus Mozarts Oper Die Zauberflöte aus der Sicht der analytischen Psychologie C. G. Jungs. Stuttgart
Frietsch, W. (2006): Newtons Geheimnis: Wissenschaft und Esoterik – Zwei Seiten einer Medaille. Mit einem Vorwort von Ruediger Dahlke. Gaggenau
Frietsch, W. (2006 2. Auflage): Peter Handke - C. G. Jung: Selbstsuche - Selbstfindung – Selbstwerdung. Der Individuationsprozess in der modernen Literatur am Beispiel von Peter Handkes Texten. Gaggenau
Haase, R. (1976): Der meßbare Einklang. Grundzüge einer empirischen Weltharmonik. Stuttgart.
Haase, R. (1989): Keplers Weltharmonik heute. Param
Keppler, J. (1982): Weltharmonik. Übersetzt und eingeleitet von Max Caspar. München
Pauli, W. (1952): Der Einfluß archetypischer Vorstellungen auf die Bildung naturwissenschaftlicher Theorien bei Kepler. In: Naturerklärung und Psyche. Zürich

Wolfram Frietsch
Dr. phil., Lektor, Autor, Dozent für Erwachsenenbildung mit den Schwerpunkten Analytische Psychologie, Literatur, Musik; Dozent an den C. G. Jung-Gesellschaften Köln und Stuttgart; zahlreiche Veröffentlichungen

Wer das Geheimnis der Töne kennt, kennt das Mysterium des ganzen Weltalls.

Hazrat Inayat Khan

Impressum

Jung-Journal
Forum für Analytische
Psychologie und Lebenskultur
Jahrgang Heft 33, März 2014
ISSN: 1867-4690
ISBN: 978-3-939322-33-7

Herausgeber
C. G. Jung-Gesellschaft Stuttgart
Alexanderstr. 92, 70182 Stuttgart
www.jung-journal.de

Bankverbindung
opus magnum, Postbank, BLZ: 60010070
Konto-Nr.: 570344702
IBAN: DE60 6001 0070 0570 3447 02
BIC: PBNKDEFF

Erscheinungsweise, Abo, Vertrieb
Halbjährliches Erscheinen im März und September
Ein Jahresabonnement mit 2 Heften kostet € 15,-
incl. Versandkosten. Bestellungen über:
Internet: www.jung-journal.de
E-Mail: mail@jung-journal.de
Postadresse: opus magnum
Hirsauer Str. 39, 70569 Stuttgart

Redaktion
Dr. Lutz Müller, Anette Müller, Bernd Leibig,
Margarete Leibig, Dieter Volk

Beiratsmitglieder der C. G. Jung-Gesellschaften
Dr. Irene Berkenbusch (ISAP Zürich)
Dolores Henke (CGJ-Forum Freiburg)
Esther Böhlcke (CGJ-Gesellschaft Hannover)
Dr. Renate Daniel, (CGJ-Institut Küsnacht)
Christiane Neuen (CGJ-Gesellschaft Köln)
Ursula Arlart (CGJ-Gesellschaft Ulm)
Susanne Lindtberg (Psychologische Gesellschaft Basel)
Volker Münch (CGJ-Gesellschaft München)
Dieter Schnocks (CGJ-Gesellschaft Stuttgart)
Dr. Andreas Schweizer (Psychologischer Club Zürich)
Dörte Wrede (CGJ-Gesellschaft Hamburg)

Layout
Dr. Lutz Müller, Barbara Fischer

Webmaster
Walter Fleritsch

Druck
Kohlhammer Stuttgart

Verlag
opus-magnum, Stuttgart, www.opus-magnum.de

Die Inhalte der Artikel geben nicht unbedingt die Meinung
der Redaktion wieder. Für unverlangt eingesandte
Manuskripte übernehmen wir keine Haftung.

*Mozart ist der
göttliche Mozart
und wird es immer sein.
Nicht nur ein Name,
sondern ein
himmlisches Genie,
das auf die Erde kam,
dreißig und einige Jahre blieb,
und als er die Welt verließ,
war sie neu,
bereichert und
durch seinen Besuch
gesegnet.*

Leonard Bernstein
amerikanischer Dirigent

Die Wesensverwandtschaft von Physik, Musik und Informatik

Christian Bolte

Was für den einen Menschen selbstverständlich ist, mag für einen anderen längst nicht selbstverständlich erscheinen. Jeder Mensch verfügt über eine eigene Wahrnehmung und einen für ihn spezifischen Wissensstand, aus denen er sich seine Sicht der Dinge - eine persönliche Weltanschauung - formt. Dieses Wissen über die Welt bildet die Grundlage unseres Handelns.

In der Folge treffen bei einer Auseinandersetzung, sei sie noch so banal, unterschiedliche Meinungen aufeinander, die auf unter-

David Tudor und John Cage (rechts) beim Shiraz Art Festival 1971 (www.wikimedia.org)

schiedlichen Erfahrungen basieren. Solch eine Meinungsverschiedenheit kann mit Worten geführt werden oder bis zur kriegerischen Auseinandersetzung eskalieren. Über (scheinbar) Selbstverständliches wird hingegen kaum ein Wort verloren, geschweige denn eine Auseinandersetzung geführt, obwohl es ebenfalls ein Element jeder Weltanschauung ist. Es wird (persönlich) ohne Widerstand als Wahrheit akzeptiert und kaum hinterfragt.

Deshalb soll dieser Essay einen Anfang machen und ein paar der für den Autor über Jahre als selbstverständlich erachteten Gemeinsamkeiten von Physik, Musik und Informatik beleuchten, die – wie sich bei einem Gespräch zufällig herausstellte – doch nicht selbstverständlich sind.

Offenkundig trägt Mathematik in allen drei Disziplinen von nicht unerheblicher Bedeutung zum Verständnis bei, doch davon handeln die folgenden Zeilen nur peripher. Vielmehr sollen andere Wesensmerkmale wie die Gesinnung oder die nötige Abstraktion und deren Manifestationen in der physischen Welt anhand von Beispielen aufgezeigt werden. Dabei sind Aussagen und Vergleiche, die hier getroffen werden, keinesfalls allgemeingültig, sondern beziehen sich vorwiegend auf den wissenschaftlichen Aspekt der Physik, Informatik im Umfeld freier und OpenSource-Software (FOSS) sowie Musik der Neuzeit mit Heavy Metal als Repräsentant.

Ein Interesse für Physik, Informatik oder Musik äußert sich oft in der Zeit des Übergangs von der Kindheit zur Jugend und bleibt fortan meist stabil. Unterstützung durch das Elternhaus kann dabei hilfreich sein, ist aber keine Voraussetzung.

Ebensowenig sind der Besuch renommierter Schulen und Universitäten oder persönliche Beziehungen der Familie ausschlaggebend. Für Sprösslinge wohlhabender Familien erscheinen diese Metiers sogar weniger attraktiv, denn die Zeiten, in denen Naturwissenschaften in gehobenen Kreisen als chic galten, sind lange vorbei. Musikalische Ambitionen wurden ohnehin schon immer belächelt.

Eine Gemeinsamkeit aller Disziplinen ist, dass Erfolg ausschließlich auf Fähigkeiten und Wissen basiert und nicht auf Habitus oder Seilschaften. Abschreckend wirkt zudem, dass hierbei fühlbarer, persönlicher Fortschritt einen langen Atem erfordert. Man sollte eine gewisse Hartnäckigkeit, fast schon Sturheit mitbringen, um nicht auf halber Strecke aufzugeben. Es gibt keine (Karriere-)Abkürzungen und die eigene Entwicklung lässt sich nur bedingt mit Geld beschleunigen. Geld macht nicht talentiert(er) oder intelligent(er).

Es bedarf jedoch grundsätzlich nicht viel für einen ersten Kontakt mit einer Disziplin. Im Fall der Informatik erschließt sich einem eigentlich sogar bereits alles, sobald man über einen Computer mit Internetzugang verfügt. Nicht zuletzt deshalb sind Projekte wie One Laptop per Child (OLPC) entstanden, um Kinder in Entwicklungsländern an Computer heranzu-

Projekt One Laptop per Child in Ulaanbaatar, Mongolei.
Foto: Carla Gomez Monroy. (www.flickr.com)

führen, damit sie zumindest eine Chance bekommen, um zu entwickelten Teilen der Welt aufzuschließen zu können. Selbstverständlich wird das Gerät mit freier Software auf Basis von GNU/Linux als Betriebssystem verteilt.

Viele Protagonisten sind – zumindest unterbewusst – auch Opportunisten und mit den herrschenden gesellschaftlichen Bedingungen ihrer Zeit nicht immer einverstanden. Mit Thrash Metal existiert gar ein eigenes (Sub-)Genre für gesellschaftspolitische Themen wie es außerhalb des Heavy Metal kaum in der Musik zu finden ist. So sind Unzufriedenheit und der Drang nach Freiheit ein Quell intrinsischer Motivation, Neues zu erschaffen, etwas zu verändern, und sei es nur eine Sicht der Dinge (man denke an Galileo oder Kepler). Auch Albert Einstein war schon als Student wenig angepasst, auf jeden Fall aber eigenwillig. Einen Absolventen mit seiner Vita und Attitüde würde man heute, wo an Universitäten Konformität in industriellem Ausmaß hergestellt wird, wohl scheel ansehen.

IT im Allgemeinen, auch Musik und Physik mit abnehmender Tendenz (aufgrund immer spezifischerer Forschungsetats), bieten Lebensräume für Freigeister, die in anderen Milieus anecken würden. Insbesondere im Bereich freier Software, in dem es jedem frei steht, ein bereits vorhandenes Programm nach eigenen Wünschen anzupassen, zu verbessern, oder gar neu und anders zu schreiben, kann sich heutzutage dieser Geist entfalten. Hier gibt es keine Lizenzvereinbarung (EULA), Copyright oder Vorschrift, die das verhindern würde.

Die einzige Einschränkung, beispielsweise bei der für Linux verwendeten GPL-Lizenz, besteht darin, dass jeder, der GPL-lizensierte Software ganz oder in Teilen verändert, diese Änderungen wieder der Allgemeinheit (der Community) durch Veröffentlichung des Quelltextes zugänglich machen muss. Auch ein Musiker würde gerne Coverversionen seiner Lieblingslieder öffentlich darbieten, doch das Copyright schränkt dies meistens ein.

Dennoch steht in beiden Fällen der Gedanke des Teilens im Vordergrund, ähnlich der Publikation wissenschaftlicher Erkenntnis, wo-

Rammstein ist eine deutsche Rock-Band, die 1994 in Berlin gegründet wurde und musikalisch zur Neuen Deutschen Härte gezählt wird. Ihr Kennzeichen ist ein als „brachial" beschriebener Musikstil, den die Bandmitglieder selbst „Tanzmetall" nennen, sowie häufig kontrovers diskutierte Texte. (www.wikipedia.de)
Foto: Rammstein in Nottingham 2005 / Till Lindemann 2010 (www.wikimedia.org)

von auch andere Forscher profitieren sollen. Der herrschenden Wirtschaftslehre steht dieser Gedanke des Teilens, dem freien Zugang zu Wissen, jedoch diametral entgegen. Nicht freie Verfügbarkeit, sondern (auch künstliche) Knappheit ermöglicht erst einen Markt (Stichwort Netzneutralität). In Anbetracht der unsäglichen Einschränkungen proprietärer Software (z. B. von Microsoft, Apple ...) und dem schwelenden Streit über Softwarepatente, der Symbiose aus Patentwesen und Copyright, wird der Begriff des „freien" Marktes zunehmend ad absurdum geführt.

Angesichts immer strikterer Einschränkungen, welche Ideen bereits im Keim ersticken (sollen!), kann von Freiheit hier kaum mehr die Rede sein. Leider ist den meisten Menschen nicht bewusst, dass die rasende Entwicklung des Internets während der letzten zwei Dekaden mit derlei Einschränkungen (und ohne freie Software) niemals in dem Maß hätte stattfinden und zu der gegenwärtigen Angebotsvielfalt führen können.

Auf allen drei Gebieten kann man sich ein Leben lang weiterbilden, Wissen akkumulieren und seine (motorischen) Fähigkeiten ausbauen - geistige und physische Fitness vorausgesetzt. Es gibt keine Altersgrenzen wie etwa beim Sport. Ein Musiker mag mit zunehmendem Alter weniger stürmisch erscheinen;

seine Kompositionen und sein Spiel müssen deshalb aber nicht weniger gekonnt sein. Man denke an Beethoven, der zusätzlich noch den überwiegenden Teil seines Berufslebens mit einer Gehörbeeinträchtigung bis hin zur Taubheit zu kämpfen hatte. Oder an Gitarristen des Metal-Genre, deren Fingerfertigkeit scheinbar niemals einrostet. Nobelpreisträger in Physik werden zunehmend für Arbeiten ausgezeichnet, die sie in fortgeschrittenem Alter geleistet haben, während frühere Nobelpreisträger wie Einstein oder Pauli noch Nobelpreise für ihre Dissertationen erhielten.

Der Punkt, an dem man denkt, man sei fertig und hätte viel erreicht oder wüsste alles, wird sich nie einstellen. Eine Karriere gipfelt hierbei nicht in einer Vorstandsetage oder einem hohen politischen Amt. Vielmehr gilt das Credo „wer aufhört besser zu werden hat aufgehört gut zu sein". Man wird sich nie auf seinen Lorbeeren ausruhen können, da mit fortschreitendem Wissen zunehmend klarer wird, wie wenig man weiß und wie begrenzt die eigenen Fähigkeiten doch sind.

Je weiter man ins Detail blickt, umso mehr neue Fragen tun sich auf. Es gibt beispielsweise allein für Jazzmusik dicke Buchbände über Theorie und Arrangement oder zur Stilistik berühmter Jazzmusiker – bei nur zwölf Tönen, wohlgemerkt. Im Standardmodell der

> *Die Reduktion auf das Wesentliche,*
> *bei maximaler Eleganz,*
> *ohne dabei die Komplexität zu ignorieren,*
> *ist die eigentliche Kunst...*

Elementarteilchenphysik kann keiner mit absoluter Gewissheit sagen, dass es nicht noch kleinere Teilchen gibt. Der Bau eines noch größeren Teilchenbeschleunigers als des CERN, wo vor nicht allzu langer Zeit das sog. „Gottesteilchen" (Higgs-Boson, Ursache für Gravitation) erstmals experimentell nachgewiesen werden konnte, wird bereits geplant. Mit noch höheren Energien lassen sich wahrscheinlich weitere Teilchen ausmachen.

In der Informatik führt der Weg ins Detail von der Software mitunter hinab zur Hardware und damit fast unweigerlich auch zur Physik. So zum Beispiel, wenn man die Transistoren eines Prozessors beim Schalten akustisch(!) abhört, um mit dieser Information Rückschlüsse auf den geheimen Schlüssel eines Verschlüsselungsalgorithmus ziehen zu können (Acoustic Cryptanalysis). Dank Edward Snowden (einem ebenfalls wenig konformen Protagonisten) sind noch viele weitere fantastisch anmutende (Abhör-)Möglichkeiten publik geworden, die man vorher dem Reich der Fiktion zugeschrieben hätte.

Informatik ist die Kunst, Programmieren das Handwerk, so wie Musik die Kunst und das Bespielen eines Instruments das Handwerk darstellt. Die Physik ist deren geistiges, das Experiment dessen handwerkliches Äquivalent. Mathematische Formeln, Partituren und auch Programmcode sind Ausdrucksformen von Kreativität, die eine konkrete Information besser oder überhaupt erst auszudrücken vermögen.

Eine Programmiersprache ist letztlich auch eine Sprache und kann ebenso kunstvoll und elegant geschrieben sein wie Poesie, mit sprachlicher Raffinesse oder einfach und plump. Nicht anders verhält es sich bei einer Komposition oder der Darstellung eines physikalischen Sachverhalts durch einen mathematischen Ausdruck.

Im Gegensatz zu OpenSource kann dies bei (kommerzieller) ClosedSource Software, wenn der Quelltext nicht einsehbar ist, kaum überprüft werden. Man sollte sich als User an dieser Stelle einmal die Frage stellen, warum ein Programm langsam arbeitet oder abstürzt. In der Musik, beim Spiel mit dem schmalen Grat zwischen Harmonie und Dissonanz, sind Dissonanzen oder Spielfehler für jeden leicht erkennbar. Zur Eleganz gesellt sich die Schlichtheit im Komplexen.

Deutlich erkennbar ist dies im Progressive Metal, einer komplexen, vielschichtigen Spielart des Metal, die ein Laie gönnerhaft mit „wohlgeordnetem Chaos" beschreiben könnte, wohingegen für einen Musiker die klare Struktur nicht zu verkennen ist.

Kaum anders verhält es sich mit einem umfangreichen Programmcode oder einer quantenmechanischen Berechnung. Die Qualität eines Arrangements nimmt dabei nicht automatisch zu durch mehr gespielte Noten oder zusätzliche Instrumente, durch Hinzufügen von Komplexität. Es steigt nur die Fehlerwahrscheinlichkeit. Ganz im Gegenteil stellt ein (Gitarren-)Solo, wenn sich die übrigen Instrumente zurücknehmen, nicht selten den Höhepunkt eines Werkes dar. Hier ist weniger oftmals mehr, oder wie es im Blues heißt, auf die Noten, die man nicht spielt, kommt es an.

Die Reduktion auf das Wesentliche, bei maximaler Eleganz, ohne dabei die Komplexität zu ignorieren, ist die eigentliche Kunst, ein Ideal, das ein guter Physiker, Musiker oder Informatiker anstreben sollte. In der Physik manifestiert sich dies gar absolut bei der Suche nach der Weltformel – dem heiligen Gral der Physik. Von ihr ausgehend soll sich alles ableiten lassen. Noch ist die Weltformel nicht gefunden, aber das Ziel – oder besser die Sehnsucht – ist unverkennbar. Immer schon ließen sich die grundlegenden physikalischen Erkenntnisse am Ende komplizierter Überlegungen in einfachen, eleganten Gleichungen ausdrücken, wie beispielsweise die Äquivalenz von Energie und Masse in Einsteins $E=mc^2$.

Es lassen sich gefühlt noch unzählige weitere Parallelen finden, welche die Wesensverwandtschaft von Physik, Musik und Informatik untermauern. Da wären zum Beispiel der Drang zum Spiel, zum Experimentieren, das Herantasten an Grenzen sowie das Brechen von alten und Definieren von neuen Regeln. Auch Methoden ähneln sich. So lassen sich beispielsweise Formen von Iteration oder Rekursion in allen drei Disziplinen finden.

Dennoch soll an dieser Stelle Schluss sein. Die Gesinnung sowie die Wesensmerkmale, welche auch die Attraktivität dieser Disziplinen ausmachen, sind durch die obige Lektüre hoffentlich nachvollziehbarer geworden.

Es gibt mehr Ähnlichkeiten und ganz konkrete Gemeinsamkeiten als man auf einen ersten, kurzen Blick vermuten mag. Die überdurchschnittliche Affinität zur Musik, die man bei Physikern (auch Mathematikern) oder Informatikern im Vergleich zu Vertretern anderer Disziplinen finden kann, sollte deshalb eigentlich wenig überraschend sein.

Christian Bolte
Physiker, Musiker und OpenSource-Enthusiast, Ammerbuch

Music was my first love
And it'll be my last
Music of the future
And music of the past.

To live without my music
Would be impossible to do
In this world of troubles
my music pulls me through

John Miles, Music (1976)

Die fabelhaften Baker Boys

Ein Film von Steve Klose, 1989

Dieter Volk

Vor kurzem war in der Süddeutschen Zeitung ein Interview mit Barrie Kosky zu lesen, dem Intendanten der Komischen Oper Berlin, in welchem dieser von einer Renaissance der Operette spricht, jenem bislang ach so verschmähten Genre. Er beschreibt die Wiedergeburt eines in den Zwanzigerjahren höchst lebendigen Musiktheaters, in welchem aus der Konfrontation mit dem Jazz und der sozialen Situation in Berlin sehr schräge Formen entstanden. Ein eigenes Genre des Musiktheaters werde wieder lebendig, weit entfernt von der verbreiteten Meinung, nur die Oper mit ihrer klassischen Musik sei von Wert, andere Formen des Musiktheaters mit den ihr eigenen Formen der (ursprünglich jüdischen) Parodie und Ironie, der Satire und Groteske seien banal oder gar blöd.

Der leichten Muse eine Bresche

Dass bei den Artikeln des vorliegenden Heftes zumeist klassische Musik im Zentrum der Betrachtung steht, ist dem aufmerksamen Leser sicher nicht entgangen. Es läge durchaus nahe, auch an dieser Stelle einen Film vorzustellen, der sich um Leben und Werk großer Komponisten, um Interpreten und Interpretationen ihrer Musik dreht, denn solche gibt es zuhauf. *Amadeus*, *Tschaikowski – Genie und Wahnsinn*, auch *Der Pianist* oder *Das Konzert*, um nur einige zu nennen, jeder durchaus wert, vorgestellt zu werden.

Doch ist die Befürchtung nicht von der Hand zu weisen, dass damit die leichte Muse zu kurz gekommen wäre. Deshalb soll ihr hier eine Bresche geschlagen werden, wohl wissend, dass auch filmische Darbietungen musikalisch populärer Art, ähnlich der Operette, häufig als seicht betrachtet werden. Zu Unrecht, denn auch in diesem Genre gibt es etliche Streifen, die sich der Filmfreund mit Entzücken in Erinnerung ruft: Man denke an die Oscar-gekrönte Verfilmung des Broadway-Musicals *West Side Story*. Leonard Bernsteins „New-World-Version" der Operette – die Handlung eine Mischung aus Hoffnung und Verzweiflung, mit treibenden Rhythmen und den ergreifend schönen Songs – ist nicht nur eines der besten Musicals, auch der Film (1961) gilt schon längst als Klassiker. Oder die *Rocky Horror Picture Show*: Ursprünglich auch ein Musi-

die Songs arrangierte, vor allem aber den Kameramann Michael Ballhaus, einen der bedeutendsten des deutschen und internationalen Films (mit Rainer Werner Fassbinder drehte er 17 Filme). Über die schauspielerische Leistung der drei Hauptakteure hinaus sind es vor allem Grusins jazzige Arrangements und Ballhaus' verführerische Bilder, seine einzigartigen Kamerafahrten, die dem Film jene ganz besondere Atmosphäre verleihen und ihn so bestechend machen.

cal und 1975 auf die Leinwand gebracht, ein Streifen, der mit seiner Mischung aus Travestieshow und Gruselfilmparodie Kultstatus erlangte, dessen begeisterte Fangemeinde sich den in manchen Kinos regelmäßig gezeigten Film wieder und wieder ansieht, ihn geradezu zelebriert, die Texte mitsingt und Szenen mitspielt.

Auch sei Sergio Leones Meisterwerk *Spiel mir das Lied vom Tod* (1968) erwähnt, in welchem pompös und opernhaft ganze Passagen des Geschehens zum Rhythmus von Enrico Morricones überwältigender Musik inszeniert werden. Auch er durchaus ein „Musikfilm".

Ein gelungenes Regie-Debut

Der Drehbuchautor Steve Klose (später Verfasser von Adaptionen der Harry-Potter-Bücher) hat mit *Die fabelhaften Baker Boys* (1989) einen Film geschaffen, der zwar nicht zum Klassiker oder Kultfilm avancierte, der aber dennoch bemerkenswert ist.

Denn Klose gelingt es in seinem Regie-Debut, die Story, eine sensibel gezeichnete Musikergeschichte, in derart perfekter Weise zu inszenieren. dass man sich wundert, wie dies einem Regieanfänger gelingen kann. Nicht allzu verwunderlich, denn man stellte dem Neuling einige alte Hasen zur Seite: zum einen als ausführenden Produzenten den erfahrenen Alt-Regisseur Sidney Pollack, zum anderen den Filmkomponisten und Jazzpianisten Dave Grusin, der den Soundtrack schrieb und

Eine kleine Geschichte

Die Story, auf den ersten Blick nicht außergewöhnlich, ist eine kleine Geschichte, eine, wie man sie schon in anderen Filmen gesehen haben mag, etwa nach dem Muster Dreiecksgeschichte, eine Frau zwischen zwei Männern, vielleicht auch: eine Musikerkarriere zwischen künstlerischer Ambition und tristem Broterwerb.

Seit 15 Jahren spielen die ungleichen Brüder Frank und Jack Baker (Beau und Jeff Bridges) gemeinsam als Barpianisten in den Hotels und Lounges ihrer Stadt. Vor langer Zeit durchaus erfolgreich, tingeln sie inzwischen durch schummrige Bars und abgewetzte Clubs, mit dem immer gleichen angestaubten Programm, jeden Abend die gleichen Lieder, die immer gleichen Späße. Für Jack, eigentlich ein begabter Jazzmusiker, ist dieses Leben an der Seite seines biederen und mäßig talentierten Bruders unerträglich geworden. Mut zur Veränderung hat er jedoch nicht, und so ertränkt er sein Elend im Whisky und sucht Ablenkung in schnell wechselnden Beziehungen. Auch das Publikum ist gelangweilt und bleibt zusehends aus. So fristen die Baker Boys ihr Dasein – nicht gerade fabelhaft.

„More than you know"

Nachdem auch das letzte Engagement gekündigt ist, beschließt Frank, der „Manager" des Duos, eine Sängerin zu engagieren. Doch das Vorsingen von 37 Bewerberinnen erweist

sich als Flop. Natürlich taucht SIE – mit großer Verspätung – erst als Letzte auf. Und hat ihren ersten großen Auftritt! Sie trägt einen zu kurzen Rock, dazu einen zu roten Mund, und sie hat Kaugummi an der Lippe, in der Hand einen Schuh mit abgebrochenem Absatz. Rotzig und ordinär begleitet sie ihre erste Szene mit den Worten: „Verflucht noch mal! Scheiße, verdammte! Mist!" Sie nennt sich „Susie Diamond" (Michelle Pfeiffer), der Name eine Karikatur oder glattes Versprechen. Gefragt nach ihren Erfahrungen in der Unterhaltungsbranche, antwortet sie mit dem Hinweis auf ihre Callgirl-Vergangenheit.

Und dann singt sie mit samtweicher Stimme *More than you know* und schlägt damit nicht nur die genervten Bakers in ihren Bann, sondern auch den Zuschauer. Woher dieser Ausdruck, diese Ausstrahlung? Die höchst attraktive Michelle Pfeiffer wird hier nicht wie in früheren Filmen als schön und sehr weich dargestellt, vielmehr hat sich Kameramann Ballhaus für diese Rolle einen Beleuchtungsstil ausgedacht, der sie rauer und härter zeigt, sie in einem Licht zeichnet, das viele Facetten zum Ausdruck bringen kann: zum einem eine aufreizend-kokette junge Frau, voll Power, zum anderen aber auch das Mädchen mit unsicher fragenden Augen, in denen Verletztheit und Verletzlichkeit zu sehen ist. Und ihr Song ist nicht nur ein Liebeslied, er ist geradezu ein Weckruf! Überflüssig zu sagen, dass Susie engagiert wird und damit nichts mehr ist wie zuvor.

Vom Duo zum Trio

Der sich alsbald einstellende Erfolg der Combo ist aber nicht nur der Attraktivität und Ausstrahlung der Sängerin zuzuschreiben. Aus dem müde gewordenen Duo des Brüderpaars ist ein Trio geworden, und Susie als Dritte hat Bewegung ins Geschehen gebracht. Wie meist wirkt Triangulierung befreiend, die Zweierbeziehung kann sich öffnen und allzu lang Festgefahrenes sich lösen.

Die zur Notgemeinschaft gewordene Beziehung der Baker Brüder mit ihren peinlich wirkenden Publikumsauftritten hat in ihrer verklebten Enge schon lang keine Entwicklung mehr zugelassen. Mit Susie kommt „frischer Wind" und eröffnet Möglichkeiten der Veränderung, was die Musiker zu neuem Aufschwung führt. Sie erfreuen sich ihrem wieder gewonnenen Spaß am Musikmachen und sonnen sich in ihrem Erfolg. Aber noch sind sie nicht bereit, sich innerer Entwicklung zu öffnen, sich selbst und damit ihre längst überholte Beziehung zu verändern.

Wie so oft bedarf es dazu der Kraft des Eros. Nicht nur das Publikum, auch Lonely-Boy Jack fährt auf Susie ab. Obwohl er sich alle Mühe gibt, den coolen Kerl zu spielen, läuft er innerlich heiß. Es ist unverkennbar, dass es zwischen ihm und Susie knistert, dass sie voneinander emotional berührt sind. Ihre Gefühle deutlich zu zeigen, ist ihnen jedoch unmöglich, da sich jeder in seiner Verletzlichkeit vor zu viel Nähe ängstigt und sich hinter seiner Abwehr-

fassade versteckt, Jack hinter seiner abweisenden Coolness, Susie hinter ihrer koketten Laszivität. Dennoch gelingt es ihnen, ihre Emotionen in die Musik zu legen, ihre Verbundenheit im musikalischen Auftritt auszudrücken.

Makin' Whoopee

Als die Band von einem Nobelhotel für Silvester engagiert wird, müssen Susie und Jack den Abend allein bestreiten, da Frank wegen eines Unglücksfalles zu seiner Familie gerufen wird. Ohne ihn und von seinen Vorgaben befreit, spielen die beiden famos auf und bescheren jene legendäre Szene, die den Film und Michelle Pfeiffer berühmt gemacht hat, und von der es heißt, Kameramann Ballhaus habe mit ihr neue Standards der Kinematografie geschaffen: Susie in leuchtend roter Robe auf Jacks schwarz glänzendem Flügel, den Song *Makin' Whoopee* auf den Lippen – die Kamera macht eine in Anbetung versunkene Kreisfahrt um den Flügel, einen ganzen Jazz-Klassiker lang und ohne Schnitt. Wahrlich eines der großen Kinobilder!

Unschwer zu erraten, dass die beiden sich näher gekommen sind – in der Musik und über die Musik, vor dem Publikum und mit ihm – unschwer aber auch die Vermutung, dass die Story zwischen ihnen nicht einfach in ein Happy End münden kann, zumal die Love-story von Frank voller Misstrauen und Ablehnung beobachtet wird, vielleicht aus Angst vor innovativen Ideen, vielleicht aber einfach aus Eifersucht.

Eine Veränderung der Beziehung der Brüder bedarf der Unterscheidung und Ablösung. Dass dies nicht ohne Aggression und Schmerz geschehen kann, wird im Fortgang der Story deutlich. Wobei die fast ausufernde Darstellung dieses Konfliktes in seiner enormen Dynamik und seiner Auswirkung auf die Combo die Story etwas aus der Spur bringt.

Musik – „die vierte Person"

Vielleicht gerade deshalb führt dieser Bruch, diese Wendung, zum Ende der Geschichte, einem offenen Ende. Dem Zuschauer wird vorenthalten, ob es mit und zwischen den drei Akteuren weitergeht, ob Trennung, ob Neubeginn, gar ein Happy End gelingen. Die Enttäuschung darüber hält sich jedoch in Grenzen, denn die Freude überwiegt, dass es ihm vergönnt war, die Figuren eine Zeitlang auf ihrer Entwicklungsreise zu begleiten, an ihren Hoffnungen und Enttäuschungen, ihrer Sehnsucht nach Liebe und ihrer Unfähigkeit zur Liebe, teilzuhaben und zu sehen, dass sie am Ende der Geschichte woanders stehen als an deren Anfang.

Der Film ist nicht nur eine Hommage an jene Augenblicke, in denen sich im Leben manches märchenhaft ändern könnte, er ist auch mehr als eine Lovestory. Er ist geradezu eine Liebeserklärung: an die Eleganz gelungener Inszenierung, vor allem aber an die Musik.

Von Anfang an ist zu spüren, dass über die Story der drei Akteure hinaus Grusins außergewöhnliche Filmmusik, die Jazz-Standards und Michelle Pfeiffers überzeugend gesungenen und hervorragend platzierten Songs die Geschichte vorantreiben, eine besondere Atmosphäre schaffen und Gefühle zum Ausdruck bringen, wo Worte fehlen – gerade so, als spiele mit der Musik ein viertes Element mit. Die Zwei im Duo hat sich zur Drei im Trio geöffnet und die Drei wird zur Vier, denn durchgängig spielt mit der wunderbaren Musik gewissermaßen eine „vierte Person" mit, ohne die der Film nicht rund, unvollständig, ja undenkbar wäre.

Und so kommt der Musik als Öffnendem und Abrundendem das „Schlusswort" zu, wenn über die Finalszene, in der Susie sich von Jack verabschiedet, ein letzter Song gelegt ist: *My funny Valentine*, jene Hoffnung schaffende Ballade, ein Jazzklassiker, in unzähligen Versionen virtuos interpretiert, von Chet Baker über Miles Davis bis zu Ella Fitzgerald.

Aber vergessen wir nicht: Hier ist es Michelle Pfeiffer, die das Fabelhafte zwischen die Baker Boys bringt.

Die fabelhaften Baker Boys (1989) ist als DVD im Handel erhältlich.

Dieter Volk
Analytischer Kinder- und Jugendlichen-Psychotherapeut, Dozent am C. G. Jung-Institut Stuttgart. Dort Initiator der Veranstaltungsreihe „Film im Keller"

*Die Musik spricht nicht die Leidenschaft,
die Liebe, die Sehnsucht dieses oder jenes Individuums
in dieser oder jener Lage aus,
sondern die Leidenschaft, die Liebe, die Sehnsucht selbst.*

Richard Wagner

**Wolfram Frietsch
Die Traumfahrt der Zauberflöte
Selbstwerdung und Archetypus**

Wolfgang Amadeus Oper „Die Zauberflöte"
aus der Sicht der Analytischen Psychologie
C. G. Jungs
Stuttgart: opus magnum
260 S., € 19,90, ISBN: 978-3-939322-14-6

Die Zauberflöte ist in ihrer Einfachheit und
Schlichtheit überaus vielschichtig und facet-
tenreich. Die Oper gibt uns noch immer Rätsel
auf. Dabei zeigt sie uns eine Welt, in der alles möglich scheint. Sie ist wie ein Traum, der
seiner eigenen Logik folgt, denn in der Oper
gibt es eine verborgene, unbewusste und tiefe
Symbolebene, Sie ergreift uns und hat einen
archetypischen Grund, der mittels der Analytischen Psychologie C. G. Jungs in diesem
Buch dargestellt wird wird.

Das Buch gliedert sich in zwei Teile. Im ersten Teil wird der Gang der Individuation mit
ihren Stationen: Persona, Schatten, Anima
und Selbst ausführlich dargestellt und in Bezug auf die verborgene Seite der Zauberflöte
beleuchtet.

Im zweiten Teil wird auf das archetypische
Material der Oper eingegangen, so dass ein
ausgewogenes und der Problematik der Zauberflöte gerecht werdendes Bild im Lichte der
Analytischen Psychologie C. G. Jungs gezeichnet wird. Gleichzeitig wird auch immer
Bezug auf andere Deutungsebenen und auch
freimaurerische und hermetische Symbolik
genommen.

Die musikalische Traumfahrt des Tamino in
das Reich der Königin der Nacht bildet den
Auftakt eined Individuationsprozesses an dessen Ende eine geheimnisvolle Einweihung
steht. Auch der Zuschauer erlebt „seine" Individuation, wenn eine gewisse Identifikation mit
der Handlung eintritt. Sich dieser Faszination
bewusst zu werden und zur eigenen Aufarbei-
tung des eigenen Unbewussten beizutragen ...
auch dafür steht dieses Buch über Archetypus
und Selbstwerdung.

Aus der Verlagsankündigung

**Sabine Grumann
Öffne dem Wunder Dein Ohr ...**
Mit Musik und Tanz dem Fluss
des Leben folgen
Mit einem Vorwort von Anette Müller

Stuttgart opus magnum 2014
264 S., € 16,90; ISBN 9789-3939322498

Sabine Grumann, Theologin und Tanzpädago-
gin, führt uns in 17 Kapiteln musikalisch durch
die Stationen des Lebens. Für jedes Lebens-
ereignis, Anfang und Ende, Freud' und Leid,
Außen und Innen, Klein und Groß und für Alt
und Jung gibt sie uns auf liebevolle Weise und
mit großer Sachkenntnis Einblick in die Welt

der Klänge und Töne und deren feinsinnige Wirkungen auf Körper, Geist und Seele.

Die Autorin bedient sich in der Schatzkiste der Epochen und Stilrichtungen. Für jede und jeden kann entsprechend des eigenen Gustos etwas dabei sein, das Ansporn und Unterstützung bei der Bewältigung des Alltags im weiten Spektrum des Lebens bringt. Die angebotenen Formen entsprechen dabei der Fülle des möglichen Ausdrucks: von einfachen Rhythmen über Kinderlieder und Gesang bis in höchste instrumentale Virtuosität im Bereich Folk, Pop und Klassik.

Wohltuend für Menschen in unserer bewegungsarmen Zeit sind die Tänze und Bewegungsimpulse, die dazu ausgesucht und angeregt werden.

Sabine Grumann gelang es aus dem Unterricht vieler Lehrer zu schöpfen, die sich zum Ziel gesetzt haben mit Tanz und Musik Tiefe, Spiritualität und Gemeinschaft erfahren zu lassen. Die religiöse Dimension, die in jedem schlummert, in unserer Zeit jedoch offenbar immer weniger befriedigt wird in den überlieferten Ausdrucksformen der religiösen Gemeinschaften, erlebt mit Musik und durch Tanz eine Renaissance.

Die ausgewählten Tänze lassen so durch das geöffnete Ohr Wunder in den Menschen und der Tiefe des Herzens entstehen.

Frau Grumanns Werk ist umfassend. Es freut mich, dass auf diese Art und Weise alte Weisheit neu erfahren wird. Ertanzt eben. Mögen viele Leser Zugang und Freude finden.

Petra-Maria Knell, Frankenberg
Schule für Ertanzungen und Praxis für ganzheitliches Entfalten

Hans Hopf
Die Psychoanalyse des Jungen
Klett-Cotta, Stuttgart 2014
401 S., € 44,95 (D), ISBN: 978-3-608-94775-5

Sie waren schon immer die auffälligeren Vertreter der Menschheit: der garst'ge Struwwelpeter, der böse Friederich – ein arger Wüterich, der Zappel-Philipp – der schaukelt und gaukelt, der Daumen-Lutscher-Bub und Hans Guck-in-die-Luft, die schwarzen Tintenbuben, der wilde Jägersmann, der Suppen-Kaspar oder der fliegende Robert – am besten, weit vom Winde weggetragen, wo sie alle keinen plagen ...

Die ungehorsamen, stets störenden Jungen – von Heinrich Hoffmann bereits 1844 beklagt, wobei er nur ein auffälliges Mädchen entdeckt, Pyromanin Paulinchen – heute noch immer und ganz besonders eine unsägliche Last im Kindergarten, in der Schule, zu Hause?

Nein, sagt Hans Hopf, analytischer Kinder- und Jugendlichen-Psychotherapeut mit 40-jähriger Berufserfahrung, Gutachter, Dozent und Kontrollanalytiker: Jungen sind auf der Suche nach ihrer Identität und das ist eine besondere Herausforderung. Pathologisch erscheinende Merkmale seien „lediglich eine besondere Ausprägung allgemeiner und normaler Eigenschaften" in einer zubetonierten, überwiegend an den Computer gefesselten Welt.

Wie viel Junge darf sein, wenn in fast allen Familien über Generationen hinweg die Väter fehlten (zwei Weltkriege mit verlorenen Vätern oder schwer traumatisierten Rückkehrern), „dogmatisch und selbstgerecht geführter Geschlechterkampf" (nach Alice Schwarzer) in den 70er Jahren vorherrschte und verweiblichte Pädagogik, Psychologie und Psychotherapie seit Jahrzehnten Begleitung anbieten?

Ist das Ziel ein anderer Junge oder gar kein Junge? Hans Hopf konstatiert: „Wer nicht mehr Softie sein will, dem stehen lediglich die Schubladen Chauvi und Macho offen!" Er verweist auf Untersuchungsergebnisse, die belegen, dass Jungen bereits zu Beginn ihres Lebens unruhiger, impulsiver, schwerer zu beruhigen und emotional rascher aufgedreht seien.

Die Entwicklung von Omnipotenzstreben, Größenfantasien und narzisstische Störungen gepaart mit Aufmerksamkeits-, Lern- sowie Intelligenzstörungen bei Jungen zeigt ihre große Not. Methylphenidat (im Jahr 2010 bereits 1,3 Millionen Tabletten in Deutschland verordnet) nehmen überwiegend Jungen. Teilleistungsstörungen und Störungen beim Sprechen (vorrangig Stottern und Lispeln) sind ebenfalls häufiger bei Jungen anzutreffen.

Ist diese Entwicklung noch zu stoppen? Ganz wunderbar wird deutlich: Ja, wenn wir genau hinschauen, was die Botschaft unserer Söhne und Enkelsöhne ist. Sie sind auf der Suche (die eigentliche Antwort auf die Diagnose ADS) nach einem Vater, einem symbolischen, einem realen, einem imaginären Vater, der das Andere gegenüber der Mutter darstellt.

Hans Hopf verweist auf die Notwendigkeit der Entidentifizierung, um als Junge männlich werden zu können. „Der Junge muss darum trauern dürfen, anders als die Mutter zu sein. Aber er darf auch das Gute, das er von ihr erfahren hat, in sein Selbst aufnehmen." (S. 85 f.)

Die gelungene Loslösung von der Mutter schließt die Fantasie vom Dritten und einen (inneren und äußeren) triangulären Raum ein. Durch den Vater oder einen anderen Mann wird der Junge eine Geschlechterdifferenzierung erfahren, die es ihm ermöglicht, früh zu lernen, Affekte zu organisieren/zu modulieren, positiv voranzuschreiten (aggredi) und phallische Entwicklung zu erleben.

Erfrischend liest sich im Kapitel über die Schaltstellen der Triebentwicklung des Jungen die klare Positionierung zum gesunden Rivalisieren und Opponieren, auch zum gelegentlich notwendigen Risikoverhalten in der Abgrenzung zur narzisstischen Objektbeziehungsentwicklung mit Uneinfühlsamkeit und Rücksichtslosigkeit (u. a. der Erscheinung des „hyperphallischen Macho"). Männlichkeit entsteht zunächst in den Augen der Mutter – Weiblichkeit braucht eine liebevoll-anerkennende und erotisch-zärtliche Beziehung zwischen Vater und Tochter, meint Hans Hopf.

Die historischen und aktuellen Bezüge zum (vollständigen) Ödipuskomplex beim Jungen vs. (umstrittenen) Elektra-Komplex beim Mädchen münden in der Schlussfolgerung: „Die Aggression des Mädchens ist ... nicht „mörderisch": Mädchen verletzen mit Worten, Jungen mit Fäusten." Der Autor schließt in seiner Betrachtung zur Psychoanalyse des Jungen den Blick auf die ‚Psychoanalyse des Mädchens' nicht aus, die sich Leserin und Leser in Anbetracht des vorliegenden Bandes dringend als Fortsetzung wünschen.

Die kritische Reflexion der Latenz heute beachtet alle Erscheinungsformen der Gegenwart: Externalisierende Störungen mit Spiel- und Symbolisierungsstörungen, zunehmende Sexualisierung, die abwesenden/fernen Väter ..., alles das hat mit der Latenz in Zeiten von Sigmund und Anna Freud „einer Zwischenzeit, einer Zeit der Ruhe und Konzentration auf kulturelle Leistungen" wenig gemein.

Umso deutlicher betont der erfahrene Praktiker Hopf, dass ein Latenzkind „die Spannung zwischen Führen und Wachsen lassen" nach Winicott'schem Gedankengut ganz dringend benötigt, um reifen zu können, und Erwachsene den stabilen Rahmen nicht zu früh aufgeben dürfen. Nur dann ist ein Aufbruch in „die Ungewissheit der Adoleszenz" möglich.

Die kognitive Weiterentwicklung und Suche nach Identität, der Triebschub und die physiologisch-hormonelle Reifung mit der Auseinandersetzung und Ablösung von den elterlichen Repräsentanzen im Ich und im Über-Ich als zentrale Aufgaben und Konfliktfelder

der männlichen Adoleszenz (in der Ambivalenz zwischen Hass und Sehnsucht) werden wie alle Kapitel mit zahlreichen Fallvignetten illustriert und psychodynamisch vertieft, was den ganz besonderen Wert des vorliegenden Fachbuches ausmacht. Dabei kommen auch Bezüge zu aktuellen literarischen Werken in der Auseinandersetzung mit Müttern und Vätern nicht zu kurz.

Nach der Darstellung der Entwicklungspsychologie des seelisch gesunden Jungen unter psychoanalytischen Aspekten wendet sich Hans Hopf in besonderer Weise dem Elternpaar in verschiedenen Ausprägungsformen (heterosexuell, alleinerziehend, gleichgeschlechtlich) zu, um dann deutliche Schlussfolgerungen für außerfamiliäre Betreuungsformen zu ziehen.

Er kommt zu dem Ergebnis: Von Kinderkrippen profitieren Jungen kaum. Der Kinder- und Jugendlichenpsychotherapeut kann deutlich nachvollziehen, dass die langfristigen Folgen von unsicherer Bindungsentwicklung von Jungen bis ins Schulalter reichen können. Die Ergebnisse von „W-INN"- einer Wirkungsstudie Innsbruck (2013), die Wirkungen männlicher Kindergartenpädagogen auf Kinder im elementarpädagogischen Alltag untersucht, machen deutlich, wie wichtig Kenntnisse über Geschlechterdifferenzen bei Erzieherinnen und Erziehern sind.

Überhaupt besticht die vorliegende Arbeit von Hans Hopf durch die umfangreiche und akribische Auswertung von wissenschaftlichen Untersuchungen und Studien sowie 405 Literatur- und Quellenangaben, deren Ergebnisse und Erkenntnisse alle eingearbeitet worden sind, sodass eine wirklich einmalige Sammlung zur Psychoanalyse des Jungen vorliegt.

Ein besonderer Verdienst des Fachbuches ist es darüber hinaus, dass die Bedeutung der Geschwisterbeziehungen bis hin zum Geschwisterinzest als eine Form der Befriedigung von Machtbedürfnissen gemischt mit sexuellen Interessen einbezogen wird und ein langjähriges Forschungsgebiet des Autors selbst, die Aggressionen, die Externalisierungen und externalisierenden Störungen bei Jungen auf dem neuesten Untersuchungsstand erscheinen. Jungen heute – mit Zuschreibungen wie überhöhte Risikobereitschaft, Unaufmerksamkeit, Leistungsversagen, unstillbare Computer-Sehnsucht und -Gewalt versehen – zeigen ihre Flucht in die kalten Objektbeziehungen, die leeren Weiten (ihre philobatischen und phallischen Tendenzen). Hans Hopf erklärt in seinem Epilog, dass dafür „als Hauptursache die problematische und ambivalente Beziehung des Jungen zur Mutter gesehen werden muss".

Sein Plädoyer für eine gute männliche Entwicklung: ein liebevoller mütterlicher Blick, eine positive Erfahrung von Weiblichkeit als ein wertvoller Schatz im Leben, psychisch präsente Väter, die liebevoll und konsequent begrenzen und zur positiven Identifizierung einladen und ein einander zugewandtes Paar …

Dieses Buch stellt für interessierte Eltern und pädagogisch engagierte Menschen eine große Hilfe dar. Für Psychotherapeutinnen und Psychotherapeuten, v. a. in Ausbildung, ist dringend empfohlen, es zur Pflichtlektüre zu erheben.

Evelyn-Christina Becker, Leipzig

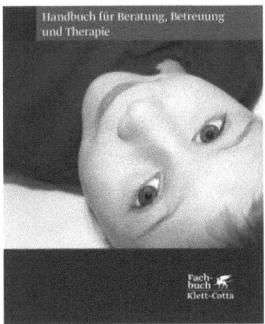

Christiane Lutz
Adoptivkinder
fordern uns heraus

Handbuch für Beratung, Betreuung
und Therapie

Fach-
buch
Klett-Cotta

Christiane Lutz
Adoptivkinder fordern uns heraus.
Handbuch für Beratung, Betreuung und
Therapie. Stuttgart (Klett-Cotta),
2014, 162 S., € 22,95

„Ich weiß nicht, warum, aber irgendwie fühle ich mich wie in einem fremden Land, so, als gehöre ich nicht wirklich hier hin." – mein 13-jähriger Patient M., in der dritten Stunde nach unserem Kennenlernen. Er ist ein Adoptivkind – nur weiß er das noch nicht. Die Eltern haben es aus Angst und Scham nicht geschafft, ihm diese Mitteilung zu unterbreiten. Sie waren ganz frisch nach der Adoption in eine neue Stadt gezogen und meinten, mit dem Jungen ein neues Leben anzufangen, ohne dass es Mitwisser gibt.

Ein Beispiel aus der Arbeit von Kinder- und Jugendlichen-Psychotherapeutinnen und -psychotherapeuten. Natürlich gibt es viel mehr Familien, in denen das Geheimnis längst gelüftet ist, der Tag der Geburt und der Tag des Eintreffens in der Adoptiv-Familie jährlich als besondere Feste begangen werden – aber ist das gemeinsame Leben für diese einfacher?

Christiane Lutz, Psychoanalytikern und Analytische Psychotherapeutin für Kinder und Jugendliche, in eigener Praxis in Stuttgart tätig, hat ein Buch für das Leben und die Arbeit mit Adoptivkindern/-jugendlichen, deren Eltern und Begleiter geschrieben, das eine große Lücke schließt und dringend gebraucht wurde.

Da sind zunächst die Eltern, manchmal mit eigenem unerfülltem Kinderwunsch, manchmal im Bemühen, um einen zuzüglichen Lebenssinn, eine „gute Tat" - alle mit der Motivation, „ein Kind zu retten", ihm „Heimat zu geben". Fachlich bereichernd erscheinen hier dem Praktiker vor allem die klaren Unterscheidungen zwischen „Inkognito-Adoption, Halboffener Adoption und Offener Adoption", was deutliche Auswirkungen auf den Umgang mit der Herkunftsfamilie hat.

„Erst wenn ein Kind sichere Wurzeln in der neuen Lebenssituation geschlagen hat, kann es sich mit der Welt, aus der es kommt, positiv auseinandersetzen." schreibt Christiane Lutz in Bezogenheit auf Goethes Wort, dass Kinder Wurzeln und Flügel, Freiheit und Bindung brauchen. Das gilt für alle Adoptivkinder im Besonderen, oftmals nach frühen Interaktions- und Bindungsstörungen zwischen Mutter-Vater-Kind. Dabei erhalten Kinder mit geistiger Behinderung oder aus verschiedenen Kulturen mit anderer Hautfarbe (das Fremde im bereits äußerlich deutlichen Unterschied zu den Adoptiv-extern) einen besonderen Raum. Der Leser kann in diesen Ausführungen nicht nur die Psychoanalytikerin, sondern insbesondere auch die Heilpädagogin Lutz mit ihrem hohen Erfahrungsschatz in der therapeutischen Arbeit, bei Erziehungsfragen, im Wirken von Mythen und Märchen, in der Symbolarbeit wahrnehmen.

Während zunächst das Leben in der Adoptivfamilie im Vordergrund steht (Kapitel 2), setzt sich die Autorin mit der Ankunft des Kindes, dem Zauber des Beginns auseinander und weist rasch auf Enttäuschungen, Hilflosigkeit, Überforderung und sich einschleichende depressive Phasen hin - die Folgen der frühen defizitären Bindungserfahrungen des Kindes in der Herkunftsfamilie. „Ein Kind kann nicht zurückgegeben werden" - aber es ist eine Herausforderung für die Adoptiveltern, die auf der Suche nach dem Gleichgewicht von Gewähren und Grenzsetzungen, von Förderung und Überforderung sind und immer wieder prüfen, wie viel Frustration für alle Beteiligten aushaltbar ist.

Die Wirklichkeit ist anders als erwartet, der Umgang mit Scham- und Schuldgefühlen –

eine Adoptivmutter sagte in meiner Praxis, sie neige dazu, manchmal ein Stirnband tragen zu wollen mit der Aufschrift: „Das ist nicht mein Kind!" – nimmt wohltuend Raum in den Ausführungen ein und macht deutlich: Adoptiveltern müssen sich auch der eigenen Vergangenheit, ihrer Lebensgeschichte, stellen. Auf der Suche nach den eigenen Schattenseiten ...

Ein Aufwachsen im Wechsel von Progression und Regression unter Beachtung der Schwellensituationen lässt Christiane Lutz fragen: Ist Adoptiert sein, Abgegeben sein, ein lebenslanges Trauma? Sie spricht Mut zu, vermittelt Zuversicht und erklärt, dass ein beständiges Bindungsangebot eine gute Entwicklung anregen kann, frühe Lebenserfahrungen kompensiert werden können. Aber Vorsicht vor der erstickenden Fürsorge gerade beim Einzel-Adoptivkind – „Eine Pflanze, zu reichlich gegossen, wird sauer."

Sehr gewinnbringend für die Arbeit mit Adoptivfamilien sind die Ausführungen im dritten Kapitel zur Geschwisterproblematik und zum Umgang mit Aufklärung und Sexualität in Latenz- und Adoleszenz-Phasen, dass die (oft schmerzvolle) Betrachtung der Herkunftsfamilie für die Entwicklung einer Ich-Identität, „über die Brücke eines 'Du' zum Halt gebenden Moment eines 'Wir'" einschließt. Dabei erhält auch der Umgang mit den leiblichen Eltern (zwei Elternpaare zu haben) deutlichen Raum mit allen Gefühlsqualitäten von Sehnsucht nach Verbundenheit bis zu Ablehnung, Rivalität und Eifersucht in der Konkurrenz, die „besseren Eltern" sein zu wollen.

Im vierten und fünften Teil des Fachbuches widmet sich die Verfasserin der psychotherapeutischen und (sozial-)pädagogischen Betreuung und Begleitung von Adoptivkindern und ihren Familien.

Die Hoffnung, dass allein Liebe alle Wunden heile, hat sich längst überholt und so wird Mut nach konflikthafter Auseinandersetzung geweckt mit Verzicht auf ständige Harmoniebestrebungen, die Wachstum nicht anregen können. Christiane Lutz fordert Struktur und Grenzen ein: „klare Ansagen" und „positives Denken".

Therapie mit Kindern und Jugendlichen bedeutet, ein Nachreifen anzuregen, das im Beziehungserleben miteinander immer ein ganz individueller Prozess ist.

Für die Begleitung von Adoptivkindern gilt im Besonderen: Wir fühlen uns über einen langen Weg oft „förmlich ausgesaugt und erschöpft". Das Adoptivkind nimmt scheinbar voller Gier, was ihm früh versagt geblieben ist. Übertragung und Gegenübertragung genau zu analysieren, um das innere Konflikterleben zu verstehen, vorsichtig, sehr behutsam zu deuten, zu interpretieren, das Kind zu halten und sein Beziehungsangebot auszuhalten – diese Prozesse werden von der Autorin sehr deutlich und sehr wertschätzend beschrieben. Ergänzend und bereichernd wirken methodische Aspekte der therapeutischen Arbeit: das unbewusste Malen, das Sandspiel, Rollen- und Puppenspiele, die alle sehr plastisch und am Beispiel dargestellt werden.

Die erfahrene Therapeutin schreibt: „Manchmal ist es barmherziger und sinnvoller, Traumata im Schatten zu belassen und zuerst an der Ich-Stärkung zu arbeiten." Sie ermutigt, im therapeutischen Prozess dem Umgang mit der Sprache besondere Aufmerksamkeit zu schenken, Bilder zu benutzen und der Kraft und Wirksamkeit von Mythen und Märchen als symbolisch zu verstehende Ausdrucksformen des kollektiven Unbewussten zu vertrauen.

Das Handbuch von Christiane Lutz verdeutlicht im letzten Teil Prämissen für die therapeutische Arbeit mit den Adoptiveltern, was sowohl deren Wissenserwerb über altersspezifische Entwicklungsschritte einschließt als auch das Bestreben, „Gefühle zu thematisieren und nicht Verhalten zu bewerten."

Ja, Adoptivkinder fordern uns heraus: zur Wahrnehmung ihrer Persönlichkeit, ihrer Besonderheiten, zur kritischen Reflexion unserer Arbeit

Christiane Lutz ist ein Plädoyer für die Arbeit mit Adoptivkindern gelungen. Sie weckt Mut und Zuversicht. Es ist eine Liebeserklärung.

Evelyn-Christina Becker, Leipzig

VERENA KAST (HG.)
Aus reichen Quellen schöpfen
Inspirationen aus Ingrid Riedels Lebenswerk
248 Seiten
mit Farbtafeln und s/w- Abbildungen
Hardcover mit Schutzumschlag, 14 × 22 cm
€ 24,99 [D] / sfr 35,50
ISBN 978-3-8436-0592-2

Die renommierte Jung'sche Analytikerin und Theologin Ingrid Riedel hat viele Menschen inspiriert und deren Leben bereichert. In diesem Buch zu ihrem 80. Geburtstag schreibt die Herausgeberin Verena Kast: »Wenn eine Autorin 80 Jahre alt wird, darf man sicher getrost von einem Lebenswerk sprechen, auch wenn das Werk wohl noch weiterwachsen wird. Was Ingrid Riedel geschrieben hat, worüber sie gesprochen hat, das sind Quellen für andere Menschen, anregende Quellen – Inspirationen eben. In dieser Festschrift wollen einige Menschen, denen Ingrid Riedel wichtig ist, in einer schöpferischen Resonanz Antwort geben auf die Quellen ihres Werkes, die sie inspiriert haben, und ihr damit sehr herzlich zu ihrem 80. Geburtstag, aber auch zu ihrem großen Lebenswerk gratulieren.«

www.patmos.de Telefon 0711/4406-195

Verena Kast (Hg.)
Aus reichen Quellen schöpfen
Inspirationen aus Ingrid Riedels Lebenswerk.
Stuttgart: Patmos 2015
248 S., € 24,99
ISBN 978-3-8436-0592-2

„Das Lebenswerk von Ingrid Riedel ist für viele Menschen eine wichtige Quelle der Inspiration. Dieses Buch zu ihrem 80. Geburtstag zeigt, welche Schätze sie mit ihrer Arbeit zugänglich gemacht hat. Weggefährtinnen und Zeitgenossen der Jubilarin greifen in kurzen Essays ihre wichtigsten Themen auf – Älterwerden, Fragen an der Schnittstelle von Tiefenpsychologie und Theologie, die Arbeit mit Symbolen in Märchen, Träumen und in der Kunsttherapie. Einige der Beiträge arbeiten Ingrid Riedels zeitgeschichtlichen Hintergrund und ihre Persönlichkeit besonders heraus. Dass Ingrid Riedel aus tiefen Quellen zu schöpfen weiß und diese Quellen anderen zugänglich machen kann, zeigt dieses Buch auf facettenreiche Weise. Mit Beiträgen von Renate Daniel, Gertrude Deninger-Polzer, Brigitte Dorst, Tilman Evers, Christa Henzler, Renata Hoffmann Traore, Verena Kast, Günter Langwieler, Karin Lorenz-Lindemann, Gerhard Marcel Martin, Carl B. Möller, Stefan Reichelt, Stefanie Spessart-Evers, Hans-Jörg Steichele, Wolfgang Teichert, Doris Titze, Johanna Vogel, Ralf T. Vogel."

In dieser Pressemitteilung des Patmos Verlag im Januar 2015, kann der Reichtum dieses Buches erahnt werden. Es ist in der Tat eine inspirierende Lektüre! Ralf Vogel geht der „Inspiration" nach, „es leitet sich ab vom lateinischen inspiratio, was sowohl „Einhauchung" als auch, noch passender, „Beseelung" bedeutet."

Ingrid Riedel, eine beseelte Frau, hat in ihrer schöpferischen inspirierenden Art, anderen Menschen auf vielfältige Weise Anregung und Unterstützung gegeben. Dies wird in diesem Buch auf sehr eindrückliche und unterschiedliche Weise gezeichnet. Hinzu kommt, dass die Zeitgeschichte eindrucksvoll mit aufgenommen wurde. Seien es die Jugendarbeit am Beispiel von Schweinfurt, Ingrid Riedels Geburtstadt, aber auch die Entwicklung von Volkshochschulen und Amerikahäusern, Bildungseinrichtungen, die bis heute einen wichtigen Stellenwert in der Gesellschaft haben. Es wird deutlich, wie intensiv sich Ingrid Riedel mit spirituellen, kulturellen und künstlerischen Strömungen auseinander gesetzt hat und sie auch weiter entwickeln konnte.

Auch in der Lehre für die Ausbildungskandidaten der C.G. Jung-Institute in Zürich und Stuttgart ist dies spürbar geworden. Wolfgang Teichert bezieht sich auf ihr Buch „Der unverbrauchte Gott", Carl B. Möller beschäftigt sich mit Ingrid Riedel und ihrer Arbeit zu Hildegard von Bingen.

Es ist ein Buch mit sehr vielen Facetten des Schöpferischen, die Ingrid Riedel auszeichnen. Ein gewinnbringendes, lesenswertes, liebevoll geschriebenes Buch, das ich sehr gerne weiter empfehlen möchte.

Margarete Leibig, Ammerbuch

Ingrid Riedel
Hildegard von Bingen.
Prophetin der kosmischen Weisheit
Kreuz: Freiburg 2014
€ 22,99, 272 Seiten
ISBN-13: 978-3451612640

Ingrid Riedel hat ein sehr gut lesbares und spannendes Buch über Hildegard von Bingen geschrieben, das, nach der überraschenden Ernennung Hildegards zur universalen Kirchenlehrerin durch Papst Benedikt im Jahr 2012, neu bearbeitet und reich ergänzt wieder vorliegt.

Sie setzt nur wenige Grundkenntnisse über diese Heilige voraus, führt die Leser aber sorgfältig in die Tiefe des Lebens, der Visionen und deren musikalischer Umsetzung durch Hildegard. So erfuhr ich als Leserin, die sich eher flüchtig mit Hildegard beschäftigt hat, die innere Größe dieser Ordensfrau und ihre überragenden geistigen Fähigkeiten, vor allem auch ihren Mut zu ihrer eigenen, aber auch als objektiv empfundenen Wahrheit zu stehen.

Besonders schön und hilfreich fand ich die Bildinterpretationen von Frau Dr. Riedel, die mit großer Klarheit die vielfältigen symbolischen Ebenen beleuchtet und mit viel Einfühlungsvermögen erklärt, ohne den Leser zu überfordern.

Ganz im Gegenteil: Sie führt uns hin zu der Persönlichkeit Hildegard, die in ihrer Forschung und Kreativität eine Vorläuferin der ganzheitlichen, heute erst wieder belebten Betrachtung unseres Kosmos und des Universums. Hildegard „schenkt uns das Bild eines tönenden Kosmos, zu dem der Mensch in Resonanz oder auch in Dissonanz treten kann. Ein kostbares Bild!" So die Autorin.

Dieses Bildes wegen spüre ich jetzt auch den Wert, den Hildegard uns hinterlassen hat: eine Schau bis in die Tiefe des Geistes, der eine Anschauung unserer Ganzheit, unseres Zusammenhangs mit dem Universum hervorbringt, „die Vernetzung alles Lebendigen miteinander". Bisher war mir von Hildegard nur die „Grünkraft" des Hl. Geistes geläufig und wichtig, also seine belebende Schöpferkraft, auf die ich selbst immer gebaut habe, wenn ich in Zweifel und Stillstand geriet. Die meisten Leser dieses Buches haben Hildegard vielleicht auch nur durch ihre Gesundheitslehre und Kräuterempfehlungen gekannt.

Ingrid Riedel eröffnet uns aber mit ihrem Buch noch ganz andere Seiten dieser Nonne, die schon im 13. Jahrhundert zu ihrer großen Schau gekommen ist und vieles, was wir heute über das ganzheitliche innere und äußere Universum wissen, vorweggenommen hat. Mir bedeutet Ingrid Riedels Buch sehr viel, weil es uns mit Erstaunen die vielen Aspekte von Hildegards Werk vorstellt, aber mit auch textkritischen Anmerkungen beleuchtet. Manche Übersetzungen ihrer Schriften sind undeutlich, doch die Fantasie kann die fehlenden Informationen durchaus füllen.

Schon der Lebenslauf („vita") der großen Heiligen ist in Ingrid Riedels Buch überaus lesenswert und berührend; die Nähe zu Hildegard, die die Autorin herstellt, ermutigt zum Weiterlesen und Nachdenken. Das Buch über Hildegard wird auf jeden Fall nie langweilig.

Waltraut Körner

Jörg Rasche
Das Lied des Grünen Löwen
Frankfurt: Psychosozial
Neuauflage 2014
429 S. 978-3-8379-2333-9

Musik berührt viele Menschen in der Tiefe ihrer Seele. Sie entspricht jedoch nicht nur individuellen Empfindungen, sie ist auch Ausdruck von Gefühlen, die alle Menschen teilen: So haben große Komponisten Entwicklungen der kollektiven Psyche in ihren Werken abgebildet. Ausgehend von dieser These unternimmt Jörg Rasche musikgeschichtliche Erkundungen.

Auf eindrucksvolle Weise zeigt er anhand von ausgewählten Stücken Bachs, Mozarts, Beethovens und Schumanns, wie sich archetypische Strukturen in der Musik entfalten und unsere Psyche prägen.

Das alchemistische Symbol des Grünen Löwen soll daran erinnern, dass das Geheimnis offen gehalten werden soll, was Musik denn eigentlich »ist«. Der Löwe verzehrt die Sonne des Wissens, der Ratio, des Bewusstseins, das sich überlegen fühlt, doch er trägt die grüne Farbe der Hoffnung. Er ermöglicht die Vereinigung der Gegensätze, die coniunctio, und die Verwandlung der alten Sonne in das wahre Gold. Der Grüne Löwe markiert daher den Wendepunkt, an dem die Musik selbst zu sprechen beginnt. Er ist ein Symbol der verwandelnden Kraft. Was er singt, soll im Laufe des Buches deutlicher werden.

Aus der Verlagsankündigung

opus magnum

www.opus-magnum.de

Bestseller und Neuerscheinungen im Frühjahr 2015

„...Kleinod mit wunderbar großem Potential."

Sabine Hertweck
Das Momo-Prinzip
„Geh doch zu Momo!"
oder: Aufbruch in eine neue Welt
84 S., 9,90 €, ISBN: 978-3-939322-84-9

*„... ist ein wunderbarer Wegbegleiter,
ein Buch, das man genießt."*

Sabine Grumann
Öffne dem Wunder Dein Ohr
Mit Musik und Tanz
dem Fluss des Leben folgen
264 S., 16,90 €, ISBN: 978-3-939322-49-8

*„... Mehr braucht es wirklich nicht –
jetzt muss man es nur noch leben!"*

Lutz Müller
Lebe Dein Bestes
Quintessenz der Lebenskunst
Überarbeitete und erweiterte Neuauflage
ca. 280 S., ca. 18,90 €, ISBN: 978-3-939322-66-5

*„Es ist das Beste, was je über meinen Vater
C. G. Jung geschrieben wurde."* (Franz Jung)

Gerhard Wehr
C. G. Jung
Leben – Werk – Wirkung
Überarbeitete und erweiterte Neuauflage
472 S., 29,90 €, ISBN: 978-3-939322-85-6